# 指向语文要素

蒋军晶统编版
小学语文教学设计

三年级

蒋军晶——著

中国人民大学出版社
·北京·

本书中的教学设计由浙江省丽水市优秀教师、
丽水市语文学科带头人刘双双实践并整理

# | 目 录 |

# 三年级下册

# 指向"语文要素"的阅读教学

这套书里的教学设计，都是指向"语文要素"的。

"语文要素"是应时而生的一个概念。它几乎是和统编版教材同步出现的。

到底什么是"语文要素"呢？

统编版语文教材编写组的专家们是这样解释的："语文要素"应该理解为"语文学习要素"，既包括语文知识，也包括语文能力，还包括语文学习的方法和习惯。同时，统编版语文教材编写组的专家们把"语文要素"分解成若干知识或能力训练点，由浅入深、由易及难地分布并体现在"单元导引""课前导语""课后习题""语文园地""习作设计"中。

这套书里的教学设计是阅读教学设计，不涉及"口语交际""习作""综合性学习"，主要从"单元导引""课前导语""课后习题"中去寻找由"语文要素"分解出来的知识或能力训练点。下面，以统编版教材五年级上册第二单元的《搭石》一文为例进行分析。

> 学习提高阅读速度的方法。
>
> 结合具体事例写出人物的特点。

"单元导引"提醒老师们，这个单元的能力训练点是"学习提高阅读速度的方法"，这属于语文学习方法范畴的"语文要素"。《搭石》在这个单元里，它的能力训练点当然就是"学习提高阅读速度的方法"。

> 用较快的速度默读课文，记下所用的时间。读的时候集中注意力，遇到不懂的词语不要停下来，不要回读。

"课前导语"再次提醒老师们，《搭石》的能力训练点是"学习提高阅读速度的方法"。

> "汛期"这个词我不懂，但不影响理解课文内容，我就没有管它，继续往下读。
>
> 刚读到"紧走搭石慢过桥"的时候，我不太理解，但我没有回读。

"课后习题"再次提醒老师们，《搭石》的能力训练点是"学习提高阅读速度的方法"。

综合分析"单元导引""课前导语""课后习题"，我们就会发现，统编版教材编写组把由"语文要素"分解出来的能力训练点"学习提高阅读速度的方法"放在了这个单元。作为教材的实施者，我们老师就应努力将这个能力训练点落实到教学中，也就是说，把"学习提高阅读速度的方法"作为《搭石》这篇课文的主要教学目标。

如果每一课的教学，我们都能将这些由"语文要素"分解出来的知识或能力训练点落实到位，让学生学得明白、练得扎实，那么，学生的语文素养就会得到提升。这就是指向"语文要素"的教学。

下面，对这套书里的教学设计再作四点说明。

1. 教学设计的呈现方式变化较大。很多教学设计层级太多——"一、二、三、四、""（一）（二）（三）（四）""1. 2. 3. 4. ""（1）（2）（3）（4）"，看起来繁杂，实施起来琐碎。这套书里的教学设计，层级基本控制在两级，崇尚板块教学，追求步骤清晰，努力让老师们尽快理出教学思路，确定教学重点。

2. 教学步骤的陈述采用的是教师的指令性话语，规避了那些看似概括性很强但经常让人摸不着头脑的"教学术语"。例如，五年级下册第五单元《两茎灯草》一文的教学设计片段，这样呈现便于老师们依据设计进行教学。

> 1. 看完课文，你觉得严监生是个怎样的人？
>
> 2. "节约"的意思是减少不必要的开支，不铺张浪费。"吝啬"的意思是过分看重、爱惜钱财，该花的钱不花，该用的东西不用。严监生究竟是"节约"还是"吝啬"呢？
>
> 3. 我们来看看"一茎灯草"有多少。（出示图片）即使是一个家境贫穷的人，也不至于从一茎灯草上去节省费用，更何况严监生还非常富有。
>
> 4. 如果仔细读，你就可以从一些细节中看出严监生是一个富有的人。请寻找这样的细节。

3. 教学设计没有分课时，老师们可以根据班级实际情况自己划分课时。

4. 教学设计只是供老师们参考，老师们可以根据自己及学生的实际情况进行调整，或增加或减少或调换教学环节。

2021 年 4 月

三年级

上　册

词语 | 关键句 | 预测 | 带着问题

# 第一单元

## 大青树下的小学

[教学目标]

1. 找出有新鲜感的词语，并通过各种办法认识它们，思考这篇介绍学校的课文为什么会写到这些词语。

2. 正确、流利地朗读课文，能找出有新鲜感的句子和同学交流自己的想法与感受，体会这所特别的民族小学里孩子们的团结、快乐。

3. 能学习课文的写法，借助提示说说自己学校生活的某个场景。

[教学过程]

### ❖ 第一步：找有新鲜感的词语

**1.** 同学们，今天这篇课文向我们介绍了一所特别的学校。（板书：大青树下的小学）因为这所学校太特别了，课文里就出现了一些让我们感到陌生、新鲜的词语。

> 傣族　　景颇族　　阿昌族　　德昂族

**2.** 让我们读这些词语，注意读准字音。

**3.** 请根据知识小卡片把图片和相对应的民族连起来。（出示德昂族、傣族、阿昌族、景颇族人物服饰图）

| 德昂族 | 傣族 | 阿昌族 | 景颇族 |
|---|---|---|---|
| 服饰：姑娘成年后，都要在腰部佩戴好多个腰箍。喜欢用彩色的绒球做头饰、耳坠等。<br>生活：善于种茶。<br>艺术：象脚鼓。 | 服饰：傣族男子着无领对襟或大襟小袖短衫，下着长管裤；女子穿窄袖短衣和筒裙。<br>生活：竹楼和竹桥别具一格。<br>艺术：孔雀舞。 | 服饰：一般着蓝色、白色或黑色。<br>生活：以善于打制长刀而闻名于世。 | 服饰：景颇族姑娘结婚后要戴上高包头。<br>生活：从事农业，种植水稻、玉米、旱谷等作物。 |

**4.** 这篇课文里还有许多类似的让人感到很新鲜的词语，读课文，圈出来。(根据学生的圈画情况板书)

> 傣族　　景颇族　　阿昌族　　德昂族
>
> 坪坝　　边疆　　绒球花　　太阳花　　凤尾竹
>
> 摔跤　　跳孔雀舞

**5.** 这些带有新鲜感的词语，我们在生活中很少接触，可以通过各种办法来认识它们。

　　——有些词语可以通过图片来认识：绒球花、太阳花、凤尾竹。

　　——有些词语可以利用字形来理解："坪坝"的意思是"山里的平地"，所以这两个字都是提土旁。

　　——有些词语可以借助字体的演变来理解：边疆。(出示疆的甲骨文)

> 古时候，"疆"字左边是丈量土地用的弓，右边是两块田地，本义是划分疆界；到了现代，"边疆"就是指靠近国界的领土。

**6.** 再来读读这些词语，想一想：这是一篇介绍学校的课文，为什么会写到"傣族""景颇族""阿昌族""德昂族"这些词语？

——因为这所学校的学生来自不同的民族。（是啊，这所学校的学生很特别）

**7.** 这篇介绍学校的课文为什么会写到"绒球花""太阳花""凤尾竹"这些词语？

——因为这所学校是一所边疆的乡村小学。（是啊，这所学校的环境很特别）

**8.** 这篇介绍学校的课文为什么会写到"跳孔雀舞""摔跤"这些词语？

——因为这所学校的学生玩的游戏很特别。（是啊，这所学校学生的活动很特别）

**9.** 小结：因为这所学校学生特别、环境特别、活动特别，所以课文里出现了许多让我们感到新鲜的词语。（板书）

> **学生特别：**傣族　景颇族　阿昌族　德昂族
>
> **环境特别：**坪坝　边疆　绒球花　太阳花　凤尾竹
>
> **活动特别：**摔跤　跳孔雀舞

**❀ 第二步：找有新鲜感的句子**

**1.** 这篇课文中不仅很多词语让我们觉得很新鲜，一些句子也很特别，让人觉得新鲜。例如下面这两个句子，我们来研究一下。

> 早晨，从山坡上，从坪坝里，从一条条开着绒球花和太阳花的小路

上，走来了许多小学生，**有汉族的**，有傣族**的**，有景颇族**的**，还有阿昌族和德昂族**的**。

早晨从各个地方走来许多小学生，他们来自各个民族。

（1）上下两个句子意思是一样的，你喜欢哪一句？为什么？

——喜欢第一句，因为第一句写得很具体，能让我们想象到这些小学生是从哪些地方来上学的。

——喜欢第一句，这个句子用了"从……从……从……""有……的，有……的，有……的，还有……的"的句式，读起来很有节奏感，强调不同民族的孩子们从四面八方来到学校，这种写法让人感到很新鲜。

（2）小结：这样的节奏，让人感受到这些来自不同民族的孩子来上学的快乐和团结，这样充满田园风光的画面特别明快。

（3）我们来读这一句，注意要读得轻快、短促一点儿。

（4）这个句子写得太美了，你能不能选择一个场景，按照这一句式写一写你们在学校里都做些什么？

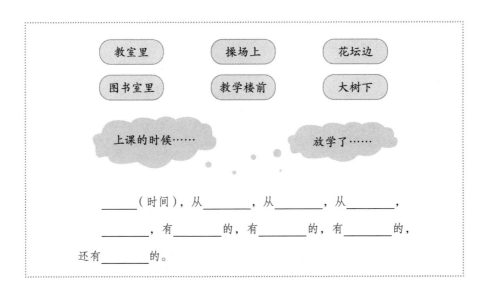

**2.** 这样有新鲜感的句子课文里还有，请你到课文里去找一找，找到后在小组中交流。

> 同学们**向**在校园里欢唱的小鸟打招呼，**向**敬爱的老师问好，**向**高高飘扬的国旗敬礼。

（1）你们为什么觉得这句话很有新鲜感？

——"向……打招呼，向……问好，向……敬礼"，写得也很有节奏感，写出了同学们来到学校后进行的各种活动。

（2）三个"向……"表述的三种行为让我们感受到了什么呢？

——"向在校园里欢唱的小鸟打招呼"呈现出同学们欢乐的心情；"向敬爱的老师问好"，体现了对老师的尊敬、爱戴；"向高高飘扬的国旗敬礼"，说明他们热爱祖国。

> 这时候，窗外十分安静，树枝不摇了，鸟儿不叫了，蝴蝶停在花朵上，好像都在听同学们读课文。最有趣的是，跑来了两只猴子。

（1）你们为什么觉得这两句话很有新鲜感？

（2）明明是写学校，写同学们，为什么还要写树枝、鸟儿、蝴蝶、猴子？

——课文用树枝、鸟儿、蝴蝶、猴子的表现写窗外的安静，其实就是为了衬托出同学们的朗读声音好听、学习专心，也表现了这所学校的特别之处。

**3.** 总结：通过读这些词语、读这些句子，我们发现这所特别的民族小学里，孩子们非常团结、快乐。

| | | |
|---|---|---|
| **学生特别：**傣族　景颇族　阿昌族　德昂族 | | **快乐** |
| **环境特别：**坪坝　边疆　绒球花　太阳花　凤尾竹 | | **团结** |
| **活动特别：**摔跤　跳孔雀舞 | | |

**第三步：抓住"顺序"，整体感知**

**1.** 你在读这篇课文时，有没有发现它是按一定的顺序写的？说说你的发现。

课文先写_____看到的景象，再写_____的情景，最后总结_____。

**2.** 总结：课文的叙述顺序很清楚，先写上学的路上看到的景象，再写在学校里学习、活动的情景，最后总结"这就是我们可爱的小学"。

**第四步：指导书写**

**1.** 本课中要写的字，在书写上有哪些地方需要注意呢？

——晨、装：上下结构，应写得上窄下宽。

——汉、扮、读、停：左右结构，应写得左窄右宽。

——艳、服、静、粗：左右结构，应写得左右等宽。

——晨：注意"辰"要托着"日"，两者要结合得紧凑一些。上边的日字头要写得短而扁。

——绒：右边的"戎"横短，斜钩长，竖撇要穿插到左边部分提的下面。

**2.** 请大家练习书写。

# 花的学校

## [教学目标]

1. 正确、流利地朗读课文，读准多音字"假"。
2. 借助有新鲜感的词语研读"美"的句子，感受拟人句的特点。
3. 感受诗人丰富的想象力，借助资料理解诗人这么想象的原因。

## [教学过程]

### ❖ 第一步：了解课文大意

**1.** 一个作家写了一个发生在六月的场景，是什么场景呢？

> 六月，雷阵雨来了。
>
> 雨后，花儿钻出地面，生长，开放，世界变得绚丽多彩。

**2.** 作家泰戈尔就写了这样一个发生在六月的场景。泰戈尔是谁呢？我们来看看课后"资料袋"里的介绍吧。

> 泰戈尔，享誉世界的印度诗人、哲学家，曾获 1913 年诺贝尔文学奖。他有《飞鸟集》《园丁集》等五十多部诗集出版。本文选自泰戈尔的散文诗集《新月集》。

**3.** 一个享誉世界的诗人、一个诺贝尔文学奖获得者会怎么写呢？自己去读读课文吧。

### ❀ 第二步：研读"美"的句子

**1.** 你发现泰戈尔在写法上特别的地方了吗？

**2.** 在课文中，我们发现了一些很有新鲜感的词语，写得很优美，我们来读一读。

> 走过荒野　　吹着口笛　　拍着大手
>
> 跳舞　　狂欢　　互相碰触　　簌簌地响

（1）哪些词语是写风声、雷云的？

——走过荒野、吹着口笛、拍着大手。（随机出示图片，帮助学生理解"荒野""口笛"）

（2）哪些词语是写花、树枝、树叶的？

——跳舞、狂欢、互相碰触、簌簌地响。

（3）你发现了吗？很多词语原本都是用来形容人的，在这里用来形容事物，我们把这样的写法叫作"拟人"。

**3.** 这篇散文诗最大的特点就是"拟人"。我们再来研读下面这些拟人句。

（1）说六月，雷雨来了，风较大，泰戈尔用了拟人的修辞手法，是哪一句？

——当雷云在天上轰响，六月的阵雨落下的时候，湿润的东风走过荒野，在竹林中吹着口笛。（读好这个句子）

（2）说风雨过后，花钻出地面，泰戈尔用了拟人的修辞手法，是哪一句？

——于是，一群一群的花从无人知道的地方突然跑出来，在绿草上跳舞、狂欢。（读好这个句子）

（3）说花颜色很多，在风雨中开放，泰戈尔用了拟人的修辞手法，是哪一句？

——树枝在林中互相碰触着，绿叶在狂风里簌簌地响，雷云拍着大手。这时，花孩子们便穿了紫的、黄的、白的衣裳，冲了出来。（读好这两个句子）

**4.** 这些拟人句，你最喜欢哪一句？（先在小组里交流，然后全班交流）

——我最喜欢"当雷云在天上轰响，六月的阵雨落下的时候，湿润的东风走过荒野，在竹林中吹着口笛"这一句，因为……（可以聚焦"走过荒野""吹着口笛"，引导学生感受风的活泼顽皮、自由自在）

——我最喜欢"于是，一群一群的花从无人知道的地方突然跑出来，在绿草上跳舞、狂欢"这一句，因为……（可以抓住"一群一群"引导学生感受花的多，可以抓住"跳舞""狂欢"引导学生想象花随风摆动、特别开心的情景）

——我最喜欢"树枝在林中互相碰触着，绿叶在狂风里簌簌地响，雷云拍着大手。这时，花孩子们便穿了紫的、黄的、白的衣裳，冲了出来"这两句，因为……（可以抓住"互相碰触""簌簌地响"引导学生感受树枝、绿叶在风雨中生机勃勃，可以抓住"冲"字引导学生想象这些花孩子冲出来会做什么）

**5.** 我们再用朗读的方式把这么美的画面展现出来。

当雷云在天上轰响，六月的阵雨落下的时候，湿润的东风走过荒野，在竹林中吹着口笛。

于是，一群一群的花从无人知道的地方突然跑出来，在绿草上跳舞、狂欢。

树枝在林中互相碰触着，绿叶在狂风里簌簌地响，雷云拍着大手。这时，花孩子们便穿了紫的、黄的、白的衣裳，冲了出来。

### ❖ 第三步：感受想象力

**1.** 泰戈尔拟人的修辞手法之所以用得那么好，是因为他有超凡的想象力。一个想象力丰富的人，才能把风声想象成吹口笛，才能把雷声想象成拍手，才能把花离开地面想象成放假离开学校。

**2.** 但这篇课文中最能体现泰戈尔想象力丰富的是后面部分。如果让你想象花长得那么快的原因，你会想象出什么原因？

——园丁们辛勤照顾，每天浇水、施肥、除草……所以花长得很好，长得很快。

——为了参加比美大赛，花争着抢着长出来。

…………

**3.** 在泰戈尔看来，花长得那么快是什么原因呢？读课文第7～9自然段。

你可知道，妈妈，他们的家是在天上，在星星所住的地方。

你没有看见他们怎样地急着要到那儿去吗？你不知道他们为什么那样急急忙忙吗？

我自然能够猜得出他们是对谁扬起双臂来，他们也有他们的妈妈，就像我有我自己的妈妈一样。

**4.** 你发现了吗？原来是他们想回家，想回到妈妈的怀抱。泰戈尔这么想象是有原因的。

　　　泰戈尔从小厌恶正规学校的教育，靠家庭教育和刻苦自学度过少年时代。他认为孩子应该是天真可爱的，是自由的，是要回归自然的。但是，现实生活中的孩子有很多压力，家庭、学校等总会压制他们该有的童真。所以，泰戈尔写《花的学校》，实际上还想表达对当时教育现象的不满。

**5.** 读完资料，你有什么发现？

**6.** 原来，诗人与孩子们一样讨厌没有自由，讨厌毫无乐趣的"地下的学校"，讨厌站墙角，这是诗人在表达对教育的不满。怪不得诗人要说："雨一来，他们便放假了。"原来诗人的这些想象是对自由的向往啊。我们再来读读这几段话。

### ❀ 第四步：指导书写

**1.** 本课中要求会写的字里，"舞""臂"书写时有哪些地方需要注意呢？
　　——舞：第三横最长。
　　——臂："月"字做部首时，第一笔是竖，要写直。

**2.** 练习书写。

# 不懂就要问

## [教学目标]

1.交流有新鲜感的词句，借助看图片和做动作等方法理解"私塾""摇头晃脑"等有新鲜感的词语。

2.默读课文，借助表格发现课文强调一个观点所用的方法。

3.能说出课文讲了一件什么事，思考、交流课文用一个例子来说明观点，这个例子的特别之处。

4.思考、辨析"不懂就要问"这个观点，说说自己会用什么例子来证明这个观点。

## [教学过程]

### ❖ 第一步：交流有新鲜感的词句

**1.** 这篇课文所讲的事，发生在一百多年前，所以，课文里会出现一些我们不太懂、觉得很新鲜的词语，把它们画出来。

**2.** 哪些词语你想进一步了解？不懂的词语就要问。

——私塾：旧时家庭、宗族或教师自己设立的教学处所。

——戒尺：旧时私塾先生对学生施行体罚时所用的木板。

…………

**3.** 你们觉得新鲜、想进一步了解的词语，有好几个都与私塾有关。古代私塾里的学生是怎么学习的呢？其实可以根据课文里的一些句子来推测。

——我读了"那时候上课，先生念，学生跟着念，咿咿呀呀，像唱歌一样"这个句子后知道了……

——我读了"学生读熟了，先生就让他们一个一个地背诵。至于书里的意思，先生从来不讲"这两句话后知道了……

——我读了"这一问，把正在摇头晃脑高声念书的同学们吓呆了"这句话后知道了……

### 🌸 第二步：学习抓住重点概括

**1.** 再读课文，边读边想：这篇课文想告诉我们一个什么观点？
——学问学问，不懂就要问。

**2.** 一篇文章想强调一个观点，一般会用到下面五种方法，这篇课文用到了哪些方法？（默读课文，填表格，打钩）

|   | 方法 | 这篇课文用到了哪些方法？选一选，打"√" |
|---|---|---|
| 1 | 在题目中直接写出来 | |
| 2 | 在开头强调一下 | |
| 3 | 在结尾强调一下 | |
| 4 | 通过文章里某个人物的嘴说出来 | |
| 5 | 举一个例子来说明 | |

（1、3、4、5 都用到了）

**3.** 是啊，为了告诉我们"不懂就要问"这个道理，作者用了很多方法，其中最主要的方法就是"举一个例子来说明"。谁来说说这篇课文讲了一件什么事？（学生练习，教师指名学生说）

> 　　　　　　　　（人物）　　　　　（地点）　　　　　　（事件）
> 　课文讲了 ＿＿＿＿＿＿ 小时候在 ＿＿＿＿＿＿ 念书，为了 ＿＿＿＿＿＿
> ＿＿＿＿＿＿＿＿＿＿＿＿ 的故事。

**4.** 可以说明"不懂就要问"的例子有很多，这个例子有什么特别之处？

　　——这是一个名人的例子，名人的例子有说服力。（简单介绍孙中山、中山路）

　　——这个例子中孙中山是冒着被先生责骂、挨打的风险提问的，这个例子很有代表性，很有说服力。

**5.** 你从哪些地方看出孙中山提问是冒着风险的？浏览课文，找句子。

　　——于是，他壮着胆子站起来，问："先生，您刚才让我背的这段书是什么意思？请您给我讲讲吧！"

　　——这一问，把正在摇头晃脑高声念书的同学们吓呆了，课堂里霎时变得鸦雀无声。

　　——先生拿着戒尺，走到孙中山跟前，厉声问道："你会背了吗？"

**6.** 所以，概括的时候，还是要强调孙中山有可能会因为提问而被责骂、挨打这一点。谁再来说说这篇课文讲了一件什么事？

> 　课文讲了 孙中山 小时候在 私塾 念书，为了 弄懂书里的意思，不怕先生责罚，壮着胆子提问 的故事。

❖ 第三步：辨析文章的观点

**1.** 你同意"不懂就要问"这个观点吗？

**2.** 如果让你写一篇强调"不懂就要问"这个观点的文章，你有例子可写吗？

# 第二单元

# 铺满金色巴掌的水泥道

[教学目标]

1. 能借助看图片、查字典等方法尝试理解自己不明白的词语，联系上下文理解"熨帖""明朗""凌乱"等词语。

2. 能找出自己认为美的句子，感受美的画面，并能与同学交流美在什么地方。

3. 借助资料感受作者的留心观察，能仿照课文或"阅读链接"，用几句话写出自己上学或者放学路上看到的景色。

[教学过程]

❀ 第一步：读词语

**1.** 读整篇课文之前，我们先一组一组读词语。（一组一组地出示词语）

> 一片天空
>
> 一片（明朗的）天空
>
>
> 一个水洼
>
> 一个（亮晶晶的）水洼

一片片叶子

一片片（金黄的）叶子

一片片（金黄金黄的）叶子


一片片叶子

一片片（闪着雨珠的）叶子


一条水泥道

一条（湿漉漉的）水泥道


一块地毯

一块（彩色的）地毯

一块（印着落叶图案的、闪闪发光的）地毯


一个小巴掌

一个（金色的）小巴掌


一双小雨靴

一双（棕红色的）小雨靴


两只小鸟

两只（棕红色的）小鸟

**2.** 读了这些词语，你有什么想法？

**3.** 小结：一个人，积累的词语多，在生活中会留心观察，就能写出美的词语。

**1.** 平时读文章时，遇到不明白的词语，要想办法弄明白并积累下来。大声读整篇课文，读完后圈出自己不理解的词语。

**2.** 哪些词语你不理解？（将学生不理解的词语抄写在黑板上，重点突出"明朗""熨帖""凌乱"三个词语。一些陌生的名词，例如"梧桐树""雨靴"等，教师直接解释，并告诉学生理解这类词语的办法是问别人、看图片等。）

**3.** "明朗"是什么意思呢？"明朗的天空"是怎样的天空？其实，联系上下文也可以推测出来。老师从上面的句子和下面的句子中圈出了三个可以帮助我们理解"明朗"的词语。

> 我背着书包去上学时，天开始**放晴**了。
>
> 啊！多么明朗的天空。
>
> 可是，地面还是潮湿的，不时还能看见一个**亮晶晶的水洼**，映着一角
>
> 小小的**蓝天**。

**4.** 你能根据这三个词语推测出"明朗"的意思吗？（湛蓝的、明亮的、光线充足的）作者多会观察啊，写得多准确啊，正因为天空是晴朗的，所以，水洼是——亮晶晶的，水洼里映出的一角天空是——蓝色的。我们一起读读这几段话。

**5.** 如果你不放心，可以查查字典。"明"的意思当然是"明亮"，"朗"呢？有一种解释就是——明亮，光线充足。（出示字典上的解释）所以"明朗"是由两个意思相近的字组合在一起的。这样的词语很多，这篇课文里就有好几个，请你找一找。（潮湿、增添、歌唱、蹦跳）

**6.** 下面，我们尝试用联系上下文的方法理解"熨帖""凌乱"。请在课文中画出你觉得对理解"熨帖""凌乱"有帮助的词语、句子。

> 道路两旁的法国梧桐树，掉下了一片片金黄金黄的叶子。**这一片片闪着雨珠的叶子，一掉下来，便紧紧地粘在湿漉漉的水泥道上了。**
>
> 我走在院墙外的水泥道上。**水泥道像铺上了一块彩色的地毯。** 这是一块印着落叶图案的、闪闪发光的地毯，从脚下一直铺到很远很远的地方，一直到路的尽头……
>
> 每一片法国梧桐树的落叶，都像一个金色的小巴掌，**熨帖地、平展地粘在水泥道上。它们排列得并不规则**，甚至有些凌乱，然而，这更增添了水泥道的美。

**7.** 你现在理解"熨帖""凌乱"这两个词语的意思了吗？
——熨帖：树叶紧紧地贴在地面上，不留缝隙。
——凌乱：树叶在水泥道上排列得不整齐、不规则。

### ❖ 第三步：读整篇课文，寻找美的画面

**1.** 现在词语、句子基本都读懂了，那你说说整篇课文在写什么？

**2.** 但老师还是不明白，这条水泥道"我"几乎每天都走，走了许多遍，为什么"我"第一回觉得，门前的水泥道很美？这一天的水泥道

和以往的到底有什么不一样？

——因为前一天刮了一夜的风，下了一夜的雨……

**3.** 怪不得作者在前面和后面都强调了"一夜秋风，一夜秋雨"。这叫首尾呼应，或者叫前后呼应。我们来读一读。

> 一夜秋风，一夜秋雨。
>
> 我背着书包去上学时，天开始放晴了。
>
> ·············
>
> 一夜秋风，一夜秋雨。
>
> 当我背着书包去上学时，第一回觉得，门前的水泥道真美啊！

**4.** 那么"一夜秋风，一夜秋雨"之后的水泥道到底美在什么地方呢？请画出你认为最美的一个画面。

（1）水泥道远镜头。

> 我走在院墙外的水泥道上。水泥道像铺上了一块彩色的地毯。这是一块**印着落叶图案**的、**闪闪发光**的地毯，从脚下一直铺到**很远很远**的地方，一直到路的尽头……

（美在什么地方？是啊，这是个远镜头，看的是整条水泥道，铺满梧桐叶的水泥道。我们来读好这段话。）

（2）落叶特写镜头。

> 每一片法国梧桐树的落叶，都像一个金色的小巴掌，熨帖地、平展地粘在水泥道上。它们排列得并不规则，甚至有些凌乱，然而，这更增添了水泥道的美。

（美在什么地方？是啊，这是个特写镜头，看的是水泥道上的一片片梧桐叶子。我们来读好这段话。）

（3）"我"走在水泥道上的动感镜头。

> 我**一步一步小心地走着**，一片一片仔细地数着。我穿着一双棕红色的小雨靴。你瞧，这多像两只棕红色的小鸟，在秋天金黄的叶丛间，**愉快地蹦跳着、歌唱着**……

（美在什么地方？是啊，这幅画面很有动感，而且写出了"我"当时愉快的心情。我们来读好这段话。）

### 第四步：引导观察

**1.** 这么美的文章，是作者凭空想象出来的吗？

**2.** 我们来看一篇作者写为什么创作这篇文章的文章。（出示《随时发现身边的美——浅谈〈铺满金色巴掌的水泥道〉》一文，出自《小学语文》2018 年第 9 期）

**3.** 小结：所以，要写出美的文章，关键是平时要留心观察。

### 第五步：指导书写，布置作业

**1.** 下面，我们来看看这一课要求会写的字有哪些需要注意的地方。

> 左窄右宽：铺、泥、院、排、规、棕
>
> 左宽右窄：列、则、乱

重点关注："规"字左边的"夫"末笔捺改为点，与"见"字的撇互相穿插，最后一笔竖弯钩要写得舒展一些。"则"字左宽右窄，右边立刀旁的竖钩起笔略高于左边。

**2.** "铺满金色巴掌的水泥道"，多美的发现啊！你在上学或放学路上看到过什么样的景色？用几句话写下来吧。（学着课文的样子，选择一个场景，用远镜头、特写镜头或者动感镜头写一写）

# 秋天的雨

[教学目标]

1. 认读词语，关注课文中的轻声词和多音字"扇"，会写"爽"字。

2. 通过梳理总起句，知道课文从哪些方面写了秋天的雨，并能说说自己最感兴趣的部分。

3. 能用多种方法理解"五彩缤纷"这个词语；读懂第 2 自然段，并发挥想象，仿照例句写句子。

4. 熟读课文，交流喜欢的拟人句，感受秋天的美好。

[教学过程]

### ❀ 第一步：读好词语

**1.** 读读下面四组词语，每一组词语都有特点，你发现了吗？

> 炎热　　凉爽
>
> 粮食　　柿子　　喇叭　　衣裳　　钥匙
>
> 扇子　　扇哪扇哪
>
> 一枚邮票　　一盒颜料　　一曲丰收的歌

——第一组词语是一对反义词。（注意"爽"字的笔顺，先写四个小乂，再写一个"人"字托住它们）

——第二组词语第二个字都念轻声。

——第三组词语里都有"扇"字，但"扇"的读音不同。

——第四组词语里都有数量词。

**2.** 我们要注意"扇"字的读音，试着读好下面两句话。

> 黄黄的叶子像一把把小扇子，扇哪扇哪，扇走了夏天的炎热。
>
> 妈妈拿着扇子帮我扇风，扇得真舒服啊！

### ❖ 第二步：梳理总起句

**1.** 有人把这篇课文改写成了一首诗，我们来读一读。

> 秋天的雨，是一把钥匙。
>
> 趁你没留意，把秋天的大门打开了。
>
> _____
>
> _____
>
> _____
>
> 秋天的雨，带给大地的是一曲丰收的歌，
>
> 带给小朋友的是一首欢乐的歌。

**2.** 现在还少三句话，如果让你从课文中选三句写到这首诗中，你会选哪三句？

**3.** 你们选的这三句话都是总起句。也就是说，这三段话分别是围绕这三句话来写的。下面，我们把这三句话填进去，读一读这首诗。

秋天的雨，是一把钥匙。

趁你没留意，把秋天的大门打开了。

**秋天的雨，有一盒五彩缤纷的颜料。**

**秋天的雨，藏着非常好闻的气味。**

**秋天的雨，吹起了金色的小喇叭。**

秋天的雨，带给大地的是一曲丰收的歌，

带给小朋友的是一首欢乐的歌。

### ❀ 第三步：研读第 2 自然段

**1.** 围绕总起句，每一段又是怎么具体介绍的呢？我们先来读读第 2 自然段。

**2.** 第 2 自然段中最重要的词语是哪一个？（五彩缤纷）"五彩缤纷"是什么意思？（颜色很多……）

**3.** 颜色多就可以叫"五彩缤纷"吗？如果一幅画里有黑色、白色、酱紫色、灰色……也有很多颜色，可以称之为"五彩缤纷"吗？（不能）那么，除了颜色多，"五彩缤纷"还包含了什么意思？（颜色鲜艳、好看）

**4.** 这段话里写到了哪些颜色？这些颜色鲜艳吗？圈一圈。

秋天的雨，有一盒五彩缤纷的颜料。你看，它把**黄色**给了银杏树，**黄黄**的叶子像一把小扇子，扇哪扇哪，扇走了夏天的炎热。它把**红色**给了枫树，**红红**的枫叶像一枚枚邮票，飘哇飘哇，邮来了秋天的凉爽。**金黄色**

是给田野的，看，田野像**金色**的海洋。**橙红色**是给果树的，橘子、柿子你挤我碰，争着要人们去摘呢！菊花仙子得到的颜色就更多了，**紫红**的、**淡黄**的、**雪白**的……美丽的菊花在秋雨里频频点头。

**5.** 秋天，真的是颜色多，而且颜色鲜艳、好看，可以称之为"五彩缤纷"。请根据课文将下面的内容补充完整，并读一读。

黄黄的（　　　）　　红红的（　　　）　　金黄色的（　　　）

橙红色的（　　　）　　紫红的（　　　）　　淡黄的（　　　）

雪白的（　　　）

**6.** 小结：有时候，可以这样通过抓词语、联系上下文等方法来理解关键词语或读懂一段话。

**7.** 老师写了一段话，请比较一下，这两段话意思一样吗？（一样）可是它们又有什么不同之处？

秋天的雨，有一盒五彩缤纷的颜料。你看，它把黄色给了银杏树，黄黄的叶子像一把把小扇子，扇哪扇哪，扇走了夏天的炎热。它把红色给了枫树，红红的枫叶像一枚枚邮票，飘哇飘哇，邮来了秋天的凉爽。金黄色是给田野的，看，田野像金色的海洋。橙红色是给果树的，橘子、柿子你挤我碰，争着要人们去摘呢！菊花仙子得到的颜色就更多了，紫红的、淡黄的、雪白的……美丽的菊花在秋雨里频频点头。

秋天的雨，让世界变得五彩缤纷。银杏树的叶子更黄了，枫树叶更红了。田野一片金黄，像金色的海洋。果树上的橘子、柿子是橙红色的，特

——课文中有很多拟人句，用了拟人的修辞手法。

**8.** 是啊，课文中有很多拟人句。你再自己放声读，边读边想：你最喜欢哪一句拟人句？（学生说喜欢的理由，充分发言之后，有感情地朗读整段话）

**9.** 秋雨给秋天带来的颜色可不止这几种，秋天的雨还会把什么颜色送给谁呢？
——秋天的雨把紫色给了葡萄。
——秋天的雨把红色给了苹果。

**10.** 你们真是太棒了。课文中有两个句子特别美，特别有节奏感。我们学着课文的样子也来说一说吧。

——秋天的雨把紫色给了葡萄，一串串葡萄像紫色的玛瑙，摇哇摇哇，摇出了丰收的喜悦。

——秋天的雨把红色给了苹果，红红的苹果像小姑娘的脸蛋……

**1.** 拟人这种修辞手法，第 2 自然段整段都用了。第 3、4 自然段里也有。自己读，然后在小组里交流自己特别喜欢哪一处拟人。

**2.** 谁来说说你最喜欢哪一处拟人？

——我喜欢"好多好多香甜的气味，都躲在小雨滴里呢"这一句。

——我喜欢"小朋友的脚，常被那香味勾住"这一句。（随机引导学生理解"勾住"）

> 读了这段话，我知道了"勾住"是指（　　　）
>
> A. 水果的香甜气味让小朋友的脚也变香了。
>
> B. 小朋友常常被有香味的水果绊住脚。
>
> C. 水果香甜的气味吸引了小朋友。

——我喜欢"松柏穿上厚厚的、油亮亮的衣裳"这一句。

**3.** 总结：所以，这篇课文，最大的特色就是用了拟人的修辞手法。

● 第五步：指导书写

**1.** 观察"票"和"飘"这两个字的字形，注意笔画、位置，找找这两个字之间的联系，写一写。

**2.** 课后完成其他生字的书写。

# 听听，秋的声音

[教学目标]

1. 能自主运用学过的方法理解"叮咛""歌吟"等词语的意思。

2. 找出秋天的各种声音，交流自己最喜欢的声音，从大自然的各种声音中体会秋天的活力。

3. 朗读诗歌，抓住诗歌前三节对应的故事主人公，发挥想象，说说它们之间的小故事，感受秋天的美好。

[教学过程]

### ❀ 第一步：自主学习字词

**1.** 回忆一下，理解词语有哪些方法？

——借助图画、查字典、联系上下文、找近义词、联系生活经验、组词串联……

**2.** 读诗歌《听听，秋的声音》，找出不理解的词语。（读准字音）

——振动、掠过、辽阔、叮咛、歌吟、歌韵。

**3.** 用学过的方法读懂这些词语。

——歌吟：歌唱、吟唱。（组词串联）

——辽阔：宽广，不狭小。（找近义词）

——掠过：擦过，闪过。（联系上下文）

…………

**第二步：找出秋的声音**

**1.** 自由读诗，画出你在诗中听到的秋的声音。（根据学生的反馈板书）

| | |
|---|---|
| 黄叶 | 唰唰 |
| 蟋蟀 | 㘗㘗 |
| 大雁 | 叮咛 |
| 秋风 | 歌吟 |

**2.** 说说你最喜欢哪种声音，为什么？

——我喜欢"唰唰"的落叶声，因为它告诉我们秋天来了。

——我喜欢秋风的歌吟，因为那是丰收的歌声，让人觉得很快乐、很幸福。

…………

**3.** 读好这些描写秋的声音的诗句。

听听，

秋的声音，

大树抖抖手臂，

"唰唰"，

是黄叶道别的话音。

听听，

秋的声音，

蟋蟀振动翅膀，

"㘗㘗"，

是和阳台告别的歌韵。


一排排大雁追上白云，

撒下一阵暖暖的叮咛；

一阵阵秋风掠过田野，

送来一片丰收的歌吟。


**4.** 这些秋的声音，我们在诗中能够立刻找到它们、听到它们，而有些声音是需要你用心去找、去听才能发现的。再去诗中找找还有哪些声音。


秋的声音，

在每一片叶子里，

在每一朵小花上，

在每一滴汗水里，

在每一颗饱满的谷粒里。


**5.** 想一想，说一说：在叶子、小花、汗水、谷粒里，你仿佛听到谁发出了什么样的声音?

——我仿佛听到蜜蜂在花丛中"嗡嗡"采蜜的声音。

——我仿佛听到农民伯伯在田地里劳动的声音。

…………

**6.** 一边联想，一边有感情地朗读这一节诗。

❖ 第三步：想象秋的画面

**1.** 这首诗中秋的声音集中出现在诗的前三节，如果仔细读，你会发现这三节诗里藏着一些小故事，故事的主人公都是成对出现的，例如大树—黄叶，你能发现吗？
——"大树"和"黄叶"有故事。
——"蟋蟀"和"阳台"有故事。
——"大雁"和"白云"有故事。
——"秋风"和"田野"有故事。

**2.** 带着这个发现我们读这三节诗。

> 听听，
>
> 秋的声音，
>
> **大树**抖抖手臂，
>
> "唰唰"，
>
> 是**黄叶**道别的话音。
>
>
> 听听，
>
> 秋的声音，
>
> **蟋蟀**振动翅膀，
>
> "㘗㘗"，
>
> 是和**阳台**告别的歌韵。
>
>
> 一排排**大雁**追上**白云**，

撒下一阵暖暖的叮咛;

一阵阵**秋风**掠过**田野**,

送来一片丰收的歌吟。

**3.** 这些小故事你喜欢哪一个? 发挥想象, 想象故事的主人公都说了什么。( 在交流过程中表扬抓住 "道别" "告别" "暖暖的叮咛" "丰收的歌吟" 等关键词语想象的学生 )

**4.** 这三节诗里竟然藏着这么多温暖的故事, 带着理解读一读。

**5.** 走进秋, 走进大自然这辽阔的音乐厅, 你还能听到哪些秋的声音? 模仿诗的前两节, 写一写。注意, 主人公要成对出现哦。

听听,

秋的声音,

_____,

"_____",

_____。

# 第三单元

## 卖火柴的小女孩

### [教学目标]

1. 学习本课的生字词，读准"挣""几""晃""喷"4 个多音字。

2. 正确、流利地朗读课文。借助情节阶梯图说清楚小女孩擦燃火柴的次数、看到的事物和表达的愿望，感受童话丰富的想象。

3. 探究小女孩为什么要擦燃火柴，体会人物的不幸遭遇及其对美好生活的向往。

### [教学过程]

#### ❀ 第一步：学习字词

**1.** 读下面的词语，关注"裙""饿""卷"3 个字的字形。读第二组生字，说说你的发现。（火字旁的字多与火有关：燃、焰、烛）

> 旧围**裙**　又冷又**饿**　打成**卷**
>
> 擦**燃**　火**焰**　蜡**烛**

**2.** 下面这些字都是多音字，注意辨析。

挣
　　zhèng
　　**挣** 钱
　　zhēng
　　**挣** 扎

喷
　　pèn
　　**喷**香的烤鹅
　　pēn
　　香**喷喷**的食物

几
　　jǐ
　　她的一双小手**几**乎冻僵了。
　　jǐ
　　过了**几**天，花儿开放了。

晃
　　huǎng
　　翠绿的树枝上点着几千支明**晃晃**的蜡烛。
　　huàng
　　一阵风拂过，花儿摇**晃**着脑袋。

**第二步：梳理小女孩一共擦燃了几次火柴**

**1.** 这个卖火柴的小女孩，先后几次擦燃了火柴？（五次）

**2.** 是不是五次呢？我们来一处一处地确认。

　　咝！火柴燃起来了，冒出火焰来了！（第一次）

　　她又擦了一根。火柴燃起来了，发出亮光来了。（第二次）

　　她又擦着了一根火柴。（第三次）

　　她在墙上又擦着了一根火柴。（第四次）

　　她赶紧擦着了一大把火柴，要把奶奶留住。（第五次）

**第三步：体会小女孩擦燃火柴时的心情**

**1.** 我们先来看第一次擦燃火柴时的情景。

　　她终于抽出了一根。咝！火柴燃起来了，冒出火焰来了！她把小手拢在火焰上。多么温暖多么明亮的火焰啊，简直像一支小小的蜡烛。这是一道奇异的火光！小女孩觉得自己好像坐在一个大火炉前面，火炉装着闪亮的铜脚和铜把手，烧得旺旺的，暖烘烘的，多么舒服啊！唉，这是怎么回事呢？她刚把脚伸出去，想让脚也暖和一下，火柴灭了，火炉不见了。她坐在那儿，手里只有一根烧过的火柴梗。

**2.** 擦燃火柴时小女孩看到了什么？（大火炉）擦燃火柴时竟然出现了温暖的大火炉，这表明她内心渴望得到什么？（得到温暖）

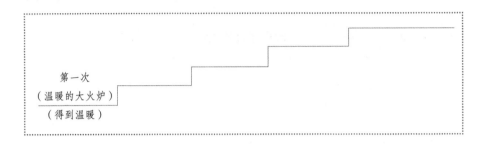

**3.** 这段话里什么标点符号特别多？（感叹号）感叹号出现的时候，往往是感情特别强烈的时候。你体会到了小女孩的哪些心情？（惊喜、兴奋以及后面的失落）我们应该把我们体会到的这些心情读出来。（通过范读、方法指导等多种方式指导学生朗读）

**4.** 小女孩第二次、第三次、第四次、第五次擦燃火柴时，分别看到了什么？她的内心分别有怎样的愿望？填写下面的情节阶梯图。

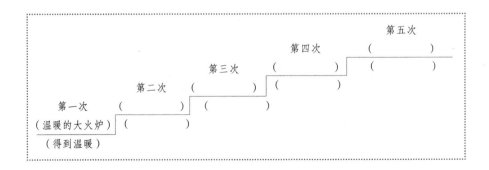

（学生填写）

第五次

第四次　　（和奶奶一起飞走了）

第三次　　（慈爱的奶奶）　　（生活在光明和快乐中）

第二次　　（美丽的圣诞树）　　（得到家人的疼爱）

第一次　　（喷香的烤鹅）　　（感受节日的幸福）

（温暖的大火炉）　　（得到食物）

（得到温暖）

**5.** 你看，五次擦燃火柴时的情景差不多，先是看到幻象，然后幻象消失。所以读每一段时我们的心情变化也是差不多的，先是惊喜、兴奋，然后是失落。请选择其中一段练习朗读。

**第二次**：她又擦了一根。火柴燃起来了，发出亮光来了。亮光落在墙上，那儿忽然变得像薄纱那么透明，她可以一直看到屋里。桌上铺着雪白的台布，摆着精致的盘子和碗，肚子里填满了苹果和梅子的烤鹅正冒着香气。更妙的是这只鹅从盘子里跳下来，背上插着刀和叉，摇摇摆摆地在地板上走着，一直向这个穷苦的小女孩走来。这时候，火柴灭了，她面前只有一堵又厚又冷的墙。

**第三次**：她又擦着了一根火柴。这一回，她坐在美丽的圣诞树下。这棵圣诞树，比她去年圣诞节透过富商家的玻璃门看到的还要大，还要美。翠绿的树枝上点着几千支明晃晃的蜡烛，许多幅美丽的彩色画片，跟挂在商店橱窗里的一个样，在向她眨眼睛。小女孩向画片伸出手去。这时候，火柴又灭了。只见圣诞树上的烛光越升越高，最后成了在天空中闪烁的星星。有一颗星星落了下来，在天空中划出了一道细长的红光。

**第四次**：她在墙上又擦着了一根火柴。这一回，火柴把周围全照亮了。奶奶出现在亮光里，是那么温和，那么慈爱。"奶奶！"小女孩叫起来，"啊！请把我带走吧！我知道，火柴一灭，您就会不见的，像那暖和的火炉，喷香的烤鹅，美丽的圣诞树一个样，就会不见的！"

第五次：她赶紧擦着了一大把火柴，要把奶奶留住。一大把火柴发出强烈的光，照得跟白天一样明亮。奶奶从来没有像现在这样高大，这样美丽。奶奶把小女孩抱起来，搂在怀里。她俩在光明和快乐中飞走了，越飞越高，飞到那没有寒冷，没有饥饿，也没有痛苦的地方去了。

### ◈ 第四步：探究小女孩为什么要擦燃火柴

**1.** 因为没有，所以向往。如果小女孩衣食无忧，如果小女孩有人关心、有人疼爱，如果小女孩快乐幸福，她会想象这样的场景吗？（不会）仅仅看小女孩的这些想象，仅仅看小女孩的这些愿望，我们就能推测出小女孩的生活。小女孩的生活是怎样的？（饥寒交迫、孤独无依、痛苦悲惨）

**2.** 读前面的部分，读第1～4自然段，你从哪里可以看出她饥寒交迫？

——天冷极了，下着雪，又快黑了。（冬天的晚上）

——在这又冷又黑的晚上，一个乖巧的小女孩，赤着脚在街上走着。

——小女孩只好赤着脚走，一双小脚冻得红一块青一块的。

——可怜的小女孩！她又冷又饿，哆哆嗦嗦地向前走。

——她在一座房子的墙角坐下来，蜷着腿缩成一团。她觉得更冷了。

**3.** 再读前面的部分，读第1～4自然段，你从哪里可以看出她孤独无依、没人关心、没人帮助？

——她穿过马路的时候，两辆马车飞快地冲过来，吓得她把鞋都跑掉了。

——一只怎么也找不着，另一只叫一个男孩捡起来拿着跑了。他说，将来他有了孩子可以用它当摇篮。

——这一整天，谁也没买过她一根火柴，谁也没给过她一个硬币。

——每个窗子里都透出灯光来，街上飘着一股烤鹅的香味，因为这是大年夜——她可忘不了这个。

——她不敢回家，因为她没卖掉一根火柴，没挣到一个钱，爸爸一定会打她的。

**4.** 生活在现代的你，脑海里一定有许多"为什么"要问。

——谁的爸爸不爱自己的女儿？为什么爸爸要打她？

——为什么在大年夜，她竟然连烤鹅也吃不上？

——为什么那个男孩要欺负她？

**5.** 是啊，这就是那个社会的问题了，小女孩感受到的是无尽的寒冷、无边的饥饿、无尽的恐惧、难掩的孤独和无限的痛苦。她觉得这些痛苦能改变吗？（不能）她能通过努力过上幸福的生活吗？（不能）只有在幻想中实现了。读课文最后两个自然段。

> 第二天清晨，这个小女孩坐在墙角，两腮通红，嘴上带着微笑。她死了，在旧年的大年夜冻死了。新年的太阳升起来了，照在她小小的尸体上。小女孩坐在那儿，手里还捏着一把烧过了的火柴梗。
>
> "她想给自己暖和一下……"人们说。谁也不知道她曾经看到过多么美丽的东西，她曾经多么幸福，跟着她奶奶一起向新年的幸福中走去。

**6.** 读到最后，你心里是不是又多了几个问号?

——小女孩明明是被冻死了，为什么"两腮通红，嘴上带着微笑"?

——"她曾经看到过多么美丽的东西，她曾经多么幸福，跟着她奶奶一起向新年的幸福中走去。"这句话中的两个"幸福"分别指的是什么?（第一个"幸福"指的是她曾经看到过各种美好的幻象；第二个"幸福"指的是她死了，再也感受不到寒冷、饥饿和痛苦了）

**7.** 总结：是啊，小女孩笑着离开了这个世界，在她看来，死比活着更幸福。作者正是用这个看起来很幸福、很温暖的结尾，让我们更加感受到现实的残酷无情，更加感受到小女孩命运的悲惨。

### ❀ 第五步: 指导书写

**1.** 这篇课文里有两个易错字。

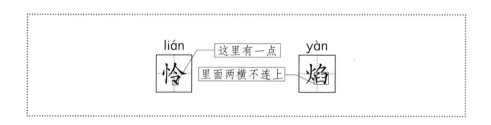

——怜：不要忘了一点。

——焰：里面两横不连上，右下部分笔顺是：撇、竖、横、横折、横、横。

**2.** 下面，自己练习写字，做课堂作业。

# 那一定会很好

[教学目标]

1. 认识"缩""努"等 8 个生字。

2. 默读课文,能借助流程图了解主人公从一粒种子变成阳台上的木地板的历程,大致说一说这个故事的内容。

3. 梳理种子的想法,发现这些想法的共同点,通过练笔补白体会种子乐观、积极的人生态度,感受童话丰富的想象。

[教学过程]

**♣ 第一步:梳理种子的变化**

**1.** 这个故事是关于变化的故事,谁一直在变?(种子)种子先后变成了什么呢?

**2.** 老师在箭头上面的框里写个"站"字,这是为什么呢?因为故事里写道:"种子想,'我一定要站起来,大口大口地呼吸空气,那一定会很好。'"后面的框里,你会从课文里选什么动词填上去呢?

**3.** 说说看，你为什么会用这些动词？

（1）为什么第二个框里你写一个"跑"字？

——因为树想做一棵会跑的树。

（2）为什么第三个框里你写一个"坐"字？

——因为手推车老了，它累了，想坐下来休息。

（3）为什么第四个框里你写一个"躺"字？

——因为椅子坐着都觉得很吃力了，它想躺下来。

**4.** 你能不能看着这个图把这个故事大致说一说？（老师先示范，学生再练习）

种子 → 树 → 手推车 → 椅子 → 木地板
（站）（跑）（坐）（躺）

> 　　有一天，种子被泥土紧紧地包裹着。"这真难受。"种子想，"我一定要站起来，大口大口地呼吸空气，那一定会很好。"
>
> 　　后来，它长成了一棵高大的树。有一天，树想："要是能做一棵会跑的树，那一定会很好。"
>
> 　　后来，农夫利用树做成了一辆手推车。有一天，手推车想："要是我能停下来，坐着休息一会儿，那一定会很好。"
>
> 　　后来，农夫和儿子把手推车拆改成了一把椅子。有一天，椅子想："要是我能躺下，那一定会很好。"
>
> 　　后来，农夫的儿子把它变成木地板，铺在了阳台上。

❀ **第二步：梳理种子的想法**

**1.** 读了故事我们知道，种子之所以一直在变，是因为它心里一直在想。请你再浏览这个故事，把描写心理活动的句子画出来。

种子被泥土紧紧地包裹着，它不得不把身体缩成一团。"这真难受。"种子想，**"我一定要站起来，大口大口地呼吸空气，那一定会很好。"**

高大的树能看到很远的地方，它看见人和动物在山路上走来走去，跑来跑去。**"要是能做一棵会跑的树，那一定会很好。"**树这么想着。

手推车为农夫服务了很多年，它慢慢变老了，跑起来的时候，骨头会吱吱嘎嘎地响。**"要是我能停下来，坐着休息一会儿，那一定会很好。"**手推车一边这么想着，一边费力地跑来跑去。

椅子一用又是好多年。"我真是老了。"椅子想。它越来越觉得挺直腰背坐着很吃力，**"要是我能躺下，那一定会很好。"**

**2.** 师生合作朗读。（读充分，读到位）

**3.** 这些心理活动有共同的地方，你发现了吗？

种子想："我一定要站起来，大口大口地呼吸空气，**那一定会很好**。"

树想："要是能做一棵会跑的树，**那一定会很好**。"

手推车想："要是我能停下来，坐着休息一会儿，**那一定会很好**。"

椅子想："要是我能躺下，**那一定会很好**。"

——都说到了"那一定会很好"。

**4.** 怪不得故事的题目是《那一定会很好》。但是每次出现"那一定会很好"，所指的好事是同一件事吗？（不是）那分别指什么呢？（让学生自读研究，小组讨论）

——第一次"那一定会很好"的好事指的是"站起来，大口大口地呼吸空气"。

　　——第二次"那一定会很好"的好事指的是"做一棵会跑的树。"

　　——第三次"那一定会很好"的好事指的是"停下来，坐着休息一会儿"。

　　——第四次"那一定会很好"的好事指的是"躺下"。

**5.** 所以每一次想"那一定会很好"的时候，主人公的内心活动一定很丰富。我们先来看看第一次，你能联系前后内容，想一想：它还会想到什么呢？

> 种子想："我一定要站起来，大口大口地呼吸空气，那一定会很好。
> _____
> _____"

**6.** 是啊，它一定想到了变化以后幸福的生活。老师发挥想象写了一段话。

> 种子想："我一定要站起来，大口大口地呼吸空气，那一定会很好。站起来以后，我的体型更好看了，身体舒展了，也更舒服了，还可以看远处的风景了……"

**7.** 你能像老师那样从下面三处选择一处写一写吗？

> 树想："要是能做一棵会跑的树，那一定会很好。_____
> _____"

> 手推车想："要是我能停下来，坐着休息一会儿，那一定会很好。
> _____"

椅子想："要是我能躺下，那一定会很好。＿＿＿＿＿＿＿＿＿＿

＿＿＿＿＿＿＿＿＿＿＿＿＿＿＿＿＿＿＿＿＿＿＿＿＿＿＿＿＿"

**8.** 谁愿意把你写的读出来和大家分享?

**❖ 第三步：感受作者的想象力**

你发现了吗？这个故事里的种子，就像一个人，在不同的年龄、不同的阶段，追求不同，梦想不同，好有趣啊，好有想象力。

# 在牛肚子里旅行

[教学目标]

1. 在具体语境中读准"骨""答""应"等多音字，正确书写"旅""算"等 13 个生字。

2. 通过找关键句梳理红头旅行的路线，找准关键词画出红头在牛肚子里旅行的路线，并借助路线图讲故事。

3. 能体会红头和青头对话时的心情，分角色朗读，读出相应的语气。

4. 默读课文，能找出可以证明红头和青头"是一对非常要好的朋友"的词句，感受它们之间真挚的友情。

[教学过程]

### ❖ 第一步：了解故事内容

**1.** 初读课文，说说这个童话讲了什么。（借助课文的题目说说课文的主要内容）

**2.** 读完故事，我们发现是青头帮助红头脱险的，请你画出青头帮助红头脱险的话。

> "躲过它的牙齿，牛在这时候不会仔细嚼的，它会把你和草一起吞到肚子里去……"

> "红头！不要怕，你会出来的。我听说牛肚子里一共有四个胃，前三个胃是贮藏食物的，只有第四个胃才是管消化的！"
>
> "当然有用。等一会儿牛休息的时候，它要把刚才吞进去的草重新送回嘴里，然后细嚼慢咽……你是勇敢的蟋蟀，你一定能出来的。"

**3.** 围绕第一段话进行问题串教学。

（1）谁来读第一段？（注意"嚼"的读音，这是个多音字）

（2）这段话对红头有什么帮助？（红头知道了要想活命，首先要躲过牙齿，因为牛在这个时候不会仔细嚼，躲过并不难）

（3）如果你是青头，你在说这段话的时候，特别想强调什么？

（4）谁能把这段话读好？

**4.** 围绕第二段话进行问题串教学。

（1）谁来读第二段？（注意"贮藏"的读音）

（2）这段话对红头有什么帮助？（红头知道了在前三个胃里没有危险，不用怕，只要避免去第四个胃里就行）

（3）如果你是青头，你在说这段话的时候，特别想强调什么？

（4）谁能把这段话读好？

**5.** 围绕第三段话进行问题串教学。

（1）谁来读第三段？

（2）这段话对红头有什么帮助？（红头知道了要想活命，就必须想办法回到牛的嘴里）

（3）这里用了一个省略号，你觉得青头还讲了什么？写在这段话旁边。

（4）谁能把这段话读好？

**6.** 请大家根据红头在牛肚子里的旅行，画出路线图。

**7.** 谁能看着图说说红头在牛肚子里旅行的经历？（填空）

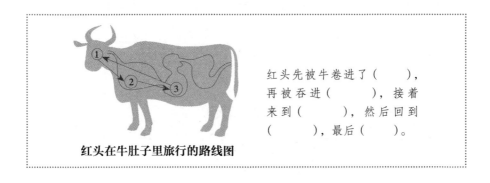

**红头在牛肚子里旅行的路线图**

红头先被牛卷进了（　　　），再被吞进（　　　），接着来到（　　　），然后回到（　　　），最后（　　　）。

---

⚜ **第二步：了解故事背后的科学道理**

**1.** 现在看明白了，这个童话很特别，作者张之路是想借这个童话告诉我们牛的一些特点。哪些特点？

——牛有四个胃。

——牛会反刍。

…………

**2.** 除了告诉我们牛的特点，还告诉了我们什么呢？

——遇到危险时要勇敢、冷静。（如果学生说不出来，就提示学生关注"不要怕，你会出来的""你是勇敢的蟋蟀，你一定能出来的"这些句子，让他们重读青头说的三段话）

**3.** 小结：张之路真是厉害啊，借助丰富的想象，把反刍这样的科学知识融进故事里。这样的童话，我们叫它——科学童话。科学童话真有趣啊。

### ❖ 第三步：感受童话丰富的想象

**1.** 刚才说了这个故事完全是张之路想象出来的。是的，张之路的想象力太丰富了，他写的童话让我们觉得好像他自己经历过这样的事。

**2.** 我们也来想象一下，如果你是一只小蟋蟀，你是红头，突然被一头牛卷到嘴里，你会怎么反应？你会怎么想？

**3.** 我们再画出红头在脱险过程中说的话。

> "救命啊！救命啊！"红头拼命地叫起来。
>
> "我被牛吃了……正在它的嘴里……救命啊！救命啊！"
>
> "那我马上就会死掉。"红头哭起来。
>
> "可是你说这些对我有什么用呢？"红头悲哀地说。
>
> "谢谢你！"红头的声音小得几乎听不见了。

**4.** 你觉得哪一句想象得特别合理？
——"我被牛吃了……正在它的嘴里……救命啊！救命啊！"（红头内心非常恐惧，话都说不完整、说不连贯了）

——"谢谢你!"红头的声音小得几乎听不见了。(红头身体非常疲惫，心理受到惊吓，已经非常虚弱了)

**5.** 所以，故事里青头和红头的话都是张之路想象出来的，但每一句话都想象得那么合情合理。我们来分角色朗读，读出相应的语气。(这个环节不用过多分析，就是让学生练习朗读，教师在学生朗读后点评指导)

> "救命啊! 救命啊!"
>
> **"你在哪儿?"**
>
> "我被牛吃了……正在它的嘴里……救命啊! 救命啊!"
>
> **"躲过它的牙齿，牛在这时候不会仔细嚼的，它会把你和草一起吞到肚子里去……"**
>
> "那我马上就会死掉。"
>
> **"红头! 不要怕，你会出来的。我听说牛肚子里一共有四个胃，前三个胃是贮藏食物的，只有第四个胃才是管消化的!"**
>
> "可是你说这些对我有什么用呢?"
>
> **"当然有用。等一会儿牛休息的时候，它要把刚才吞进去的草重新送回嘴里，然后细嚼慢咽……你是勇敢的蟋蟀，你一定能出来的。"**
>
> "谢谢你!"

### ❖ 第四步: 巩固字词

**1.** 这篇课文中有些字的读音需要引起我们的注意。

> 容易读错的字: 咱们、贮藏、细嚼慢咽
>
> 多音字: 骨、应、答、几

**2.** 这篇课文中有些字书写时要注意笔顺。

旅行　救命　流泪

附：作业单

# 在牛肚子里旅行

**1.** 我会画：画出红头在牛肚子里旅行的路线图。

**2.** 我会给多音字组词

骨 { gū（　　）　gǔ（　　）} 　应 { yīng（　　）　yìng（　　）} 　答 { dā（　　）　dá（　　）} 　几 { jī（　　）　jǐ（　　）}

**3.** 我会写：写字的时候注意笔画的位置。

| 旅 | 行 | | 救 | 命 | | 流 | 泪 |
|---|---|---|---|---|---|---|---|
| | | | | | | | |

# 一块奶酪

[教学目标]

1. 在具体语境中认识"宣""处"等 12 个生字，读准多音字"处"。

2. 默读课文，能借助情节阶梯图，梳理课文的主要内容。结合课文内容对蚂蚁队长作出简单的评价。

3. 对比不同版本的童话，抓住蚂蚁队长的"犹豫"，体会蚂蚁队长的矛盾心理，初步感受童话故事中动物有想法、会思考的特点。

[教学过程]

### ✿ 第一步：发现童话和日记的区别

**1.** 你们看过蚂蚁搬食物吗？（让学生自由说，练习表达能力）

——看过，蚂蚁是用嘴咬住食物拖拉来搬运食物的。

——看过，如果是大块的食物，它们会通知小伙伴过来一起搬运食物。

…………

**2.** 有一个小朋友写了一篇观察日记。我们来读一读。（里面有这一课的生字）

> 阴凉**处**，一块蛋糕竟然自己在走路！走近一看，原来蛋糕底下有好几

只蚂蚁正齐心协力地拉着蛋糕。面对**诱**人的美味，它们中途不**舔**一下，一点儿一点儿地向洞口爬去，我心里不禁为它们鼓掌。

**3.** 有的人更厉害，非常有想象力，根据生活中这样的场景编了一个童话。这就是今天我们要读的课文《一块奶酪》。请自由读课文。

**4.** 读完以后，你发现童话和上面的观察日记不一样吧？它们有哪些不一样的地方？

——童话是一个好玩的故事。

——童话里的蚂蚁会说话。

——童话很神奇，很有趣。

…………

### ❖ 第二步：梳理故事中的主要事件

**1.** 刚才大家说童话是一个好玩的故事，那么《一块奶酪》讲了一个什么故事呢？同桌之间说一说。

**2.** 刚才大家简单讲了故事的主要内容。下面是这个故事的主要情节，只是顺序打乱了，你能重新排列，然后串联起来讲一讲主要内容吗？

①掉下奶酪渣，下令休息。

②宣布命令，抢着运粮。

③劲头十足，搬进洞里。

④犹豫片刻，叫小蚂蚁吃掉。

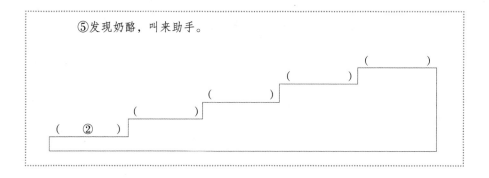

⑤发现奶酪，叫来助手。

（　）

（　）

（　）

（　②　）

**3.** 你们喜欢蚂蚁队长吗？四人一小组，小组内说一说。（不管喜欢还是不喜欢，关键要说原因）

——不喜欢：它想过偷吃，犹豫过，太严厉……

——喜欢：它纪律严明，以身作则，爱惜粮食，爱护幼小，不搞特殊……

❧ 第三步：感受真实、生动的人物形象

**1.** 老师也喜欢蚂蚁队长，我重新编了一下这个童话，让蚂蚁队长变得更棒了，我想让所有人都喜欢这个蚂蚁队长。下面，我读给大家听。

> 蚂蚁队长集合好队伍，向大家宣布："今天搬运粮食，只许出力，不许偷嘴。谁偷嘴就要处罚谁。"
>
> 一只小蚂蚁在队列里嘀咕："要是偷嘴的是您呢？"蚂蚁队长说："照样要受处罚。"
>
> 大家一听，都来劲了，争先恐后赶到运粮地点，抢着抬大的，搬重的，谁也不愿偷懒。
>
> 就在这时，蚂蚁队长发现了一块大奶酪。那块奶酪实在太大了，它左抬抬不起，右搬搬不动，只好叫来七八只小蚂蚁当助手。
>
> 奶酪多诱人啊！抬着它，不要说吃，单是闻闻，都要淌口水。小蚂

蚁们嘴叼着它，要做到不趁机舔一下，那要有多大的毅力，多强的纪律性啊！

蚂蚁队长叼着奶酪的一角往前拽着，也许是用力过猛，一下就把那个角拽掉了。

于是，它指着队伍里年龄最小的一只蚂蚁命令道："这点儿奶酪渣是刚才弄掉的，丢了可惜，你吃掉它吧！这不算偷嘴。"

大家见队长说话算话，干起活来，劲头非常足，奶酪一会儿就被搬进洞里去了。

**2.** 这两个版本的童话，你更喜欢哪一个？

——我喜欢书上的版本，因为这个版本里蚂蚁队长的犹豫、动摇，反而显得它更可爱。

——我喜欢书上的版本，因为这个版本里的蚂蚁队长更真实、更可爱。

…………

**3.** 是啊，这些犹豫让蚂蚁队长显得更真实、更可爱。我们先来看它的第一次犹豫。

盯着那一点儿掉在地上的奶酪渣，蚂蚁队长想：**丢掉，实在太可惜；趁机吃掉它，又要犯不许偷嘴的禁令。**

**4.** 作家好有想象力啊，蚂蚁在故事里会像人一样"想"。我们把蚂蚁队长矛盾的心情读出来。

**5.** 我们再来看蚂蚁队长的第二次犹豫。

> 可是，它犹豫了一会儿，终于一跺脚："注意啦，全体都有。稍息！立正！向后——转！齐步——走！"

**6.** 这里作家没有写出蚂蚁队长心里的想法。现在轮到我们发挥想象力了。

> 蚂蚁队长犹豫了一会儿，心想：_____
>
> 转念又想：_____

**7.** 小结：在奇妙的童话王国里，像小蚂蚁这样的动物也有自己的想法，也会思考，真有趣！

# 第四单元

# 总也倒不了的老屋

[教学目标]

1. 关注课文中的预测提示，发现预测的阅读策略及其依据。

2. 借助表格梳理故事，发现规律，练习预测，并能顺着故事情节续编故事，初步感受预测的好处和乐趣。

3. 根据不同的结尾，思考预测的依据，懂得预测的内容跟故事的实际内容可能一样，也可能不一样。

[教学过程]

### ❖ 第一步：了解预测

**1.** 这个单元是一个特殊的单元——预测单元。希望通过这个单元的学习，我们能明白，猜测和推想能让我们的阅读之旅充满乐趣。

**2.** 有一个小朋友，他读《总也倒不了的老屋》的时候，就是一边读一边预测的，他还把自己的预测写了下来。你看见这些预测了吗?

——就在课文的旁边。

**3.** 我们现在把这个小朋友的预测放在一起，先读一读。

> 老屋总也倒不了，是被施了魔法吗?

図中的老屋看上去那么慈祥，它应该会答应吧！

我想老屋可能会不耐烦了。

一读到这句话，我就知道，一定又有谁来请老屋帮忙了。

我猜到了老屋会怎么回答。

老屋可能还会遇到其他需要帮助的小动物。

估计老屋不会倒了。

——这些旁注都是小读者读故事时想到的。

**4.** 预测可不是乱猜，你发现了吗？这个小朋友的预测是有依据的，小组内讨论，说一说这个小朋友预测的依据来自哪里。

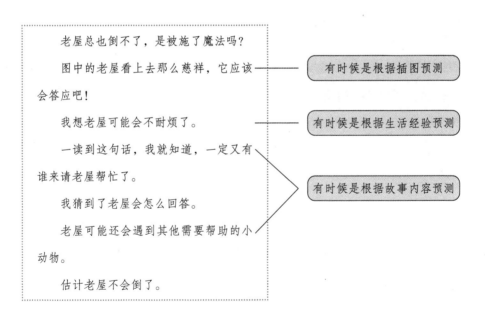

**5.** 小结：我们可以根据插图，可以根据生活经验，可以根据故事内容来预测。

**1.** 除了可以根据插图、故事内容、生活经验来预测，还可以根据故事的规律来预测接下来发生的事。老师根据这个故事的规律梳理、填写出一张表格，你能找到这个规律将表格填写完整吗？

| | | | | | |
|---|---|---|---|---|---|
| 好了，我到了倒下的时候了 | 小猫 | 一个晚上 | 我找不到一个安心睡觉的地方 | 把老花的眼睛使劲往前凑 | 喵喵，谢谢 |
| 再见！好了，我到了倒下的时候了 | 老母鸡 | | | | |
| | | 一会儿 | 我找不到一个安心织网抓虫的地方 | | 老屋老屋，我给你讲个故事吧 |

**2.** 现在你发现故事的规律了吗？

——这是一个反复结构的故事。

——这个故事就是讲老屋碰到一个又一个小动物，前后发生的事是差不多的。

**3.** 我们已经找到了故事的规律，如果要在中间加一段故事，你会怎么加？（学生讨论、创编故事）

| | | | | | |
|---|---|---|---|---|---|
| 好了，我到了倒下的时候了 | 小猫 | 一个晚上 | 我找不到一个安心睡觉的地方 | 把老花的眼睛使劲往前凑 | 喵喵，谢谢 |
| 再见！好了，我到了倒下的时候了 | 老母鸡 | 二十几天 | 我找不到一个安心孵蛋的地方 | 低头看看，墙壁吱吱呀呀地响 | 叽叽，谢谢 |

| | | | | | |
|---|---|---|---|---|---|
| 再见！好了，我到了倒下的时候了 | 小蜘蛛 | 一会儿 | 我找不到一个安心织网抓虫的地方 | 低头看看，眼睛眯成一条缝 | 老屋老屋，我给你讲个故事吧 |

**4.** 你瞧，抓住故事的规律去预测，我们基本上猜对了，但是最后一个格子，老师预测了三种可能性。

| 好了，我到了倒下的时候了 | 小猫 | 一个晚上 | 我找不到一个安心睡觉的地方 | 把老花的眼睛使劲往前凑 | 喵喵，谢谢 |
|---|---|---|---|---|---|
| 再见！好了，我到了倒下的时候了 | 老母鸡 | 二十几天 | 我找不到一个安心孵蛋的地方 | 低头看看，墙壁吱吱呀呀地响 | 叽叽，谢谢 |
| 再见！好了，我到了倒下的时候了 | 小蜘蛛 | 一会儿 | 我找不到一个安心织网抓虫的地方 | 低头看看，眼睛眯成一条缝 | |

老屋终于倒下了

谢谢　　老屋就是倒不了

**5.** 这三种结局，老师都不是乱猜的，都是有依据的。

（1）我猜结局是"小蜘蛛对老屋说'谢谢'"的依据是什么？

——前面两个小故事的最后，小动物都向老屋说"谢谢"……

（2）我猜结局是"老屋就是倒不了"的依据是什么？

——因为故事的题目就是《总也倒不了的老屋》，而且很多故事的主人公都不会死的……

（3）我猜结局是"老屋终于倒下了"的依据是什么？

——因为生活中人老了，总是要死的……

**6.** 总结：预测不是乱猜，预测是根据故事内容、生活经验等来推想故事后面的内容。只要有依据，预测错了也不用太伤心。

### 🍀 第三步：巩固字词

**1.** 我们再来读一读这个故事中的一些生字，注意读准字音。

> 暴风雨　　往前**凑**　　**孵**小鸡　　**晒**太阳
>
> 喵喵　　叽叽

**2.** 我们再来写一写这篇课文中的一些生字，注意字形。

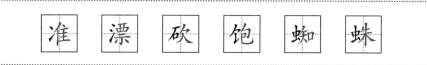

——这些字是左右结构，左窄右宽。

——注意这些字偏旁的变化。

# 胡萝卜先生的长胡子

[教学目标]

1.借助故事结构，抓住关键线索，一边读一边预测并及时修正自己的想法。

2.能运用多种方法对故事的结局进行预测，并对比原文的结尾，作出评价。

3.尝试根据文题或书名预测故事的主要内容，产生继续阅读故事的兴趣。

[教学过程]

### 第一步：边读边预测

**1.**读故事的题目——《胡萝卜先生的长胡子》。最开始读这个故事，读到这个题目时，你觉得这个故事可能会讲什么？

**2.**读到的信息越多，预测的准确度就越高。读故事的第 1 自然段。最开始读这个故事，读到这个开头时，你觉得这个故事会讲什么？

> 胡萝卜先生常常为胡子发愁，因为他长着浓密的胡子，必须每天刮。

——我预测胡萝卜先生会把胡子刮得干干净净的。我从故事里说他"常常为胡子发愁，因为他长着浓密的胡子"想到，胡子那么多，肯定很碍事啊，得刮掉。

——我觉得胡萝卜先生在刮胡子的过程中可能会漏刮几根，因为我爸爸就会这样。


**3.** 很多时候，我们是一边猜一边往下读的，读着读着，我们会发现自己前面的预测错了，那是不是意味着前面的预测没有意义？有几位小朋友在预测的过程中有这样一些发现，一起来看看。

> 我在故事的很多地方作了预测。当读到胡子沾上了营养丰富的果酱时，我就猜到胡子会越长越长。
>
> 故事讲到了长胡子的各种用处，我依据这个内容和生活常识作了一些预测。
>
> 我预测的内容没有原文丰富，有的还与原文不一致，但是我的预测也是有依据的。
>
> 当发现自己的预测和故事的实际内容不同时，我会及时修正自己的想法，接着猜测后面可能发生什么。


**4.** 小结：是的，只要你的预测是有依据的，就没有关系。当发现自己的预测和故事的实际内容不同时，可以修正想法，接着往下预测。那接下来又会发生什么事呢？我们边读边预测。


**5.** 默读课文第4～8自然段，填写表格。

| 胡萝卜先生还在继续走 | 在很远的街口 | 男孩 | 风筝线太短 | 胡萝卜先生的胡子刚好在风里飘动着 | 就剪了一段用来放风筝 |
|---|---|---|---|---|---|
|  |  |  |  |  |  |

| 胡萝卜先生还在继续走 | 在很远的街口 | 男孩 | 风筝线太短 | 胡萝卜先生的胡子刚好在风里飘动着 | 就剪了一段用来放风筝 |
|---|---|---|---|---|---|
| 胡萝卜先生继续往前走 | 走过鸟太太家的树底下 | 鸟太太 | 晾尿布没绳子 | 胡萝卜先生的胡子刚好在风里飘动着 | 就剪了一段用来晾尿布 |

**6.** 看着这个表格，你有什么发现？

——故事前后的情节有点儿像，都是讲胡萝卜先生走到哪里，出现了一个人物，这个人物遇到了麻烦，然后拿胡子做什么。

——这个故事和我们刚学的《总也倒不了的老屋》很像，都是反复结构的故事。

**7.** 胡萝卜先生继续往前走……根据这个表格和课文，我们来创编一个片段：会出现一个什么人物？这个人物会用胡萝卜先生的胡子做什么呢？（先同桌互讲，再指名学生讲）

| 胡萝卜先生还在继续走 | 在很远的街口 | 男孩 | 风筝线太短 | 胡萝卜先生的胡子刚好在风里飘动着 | 就剪了一段用来放风筝 |
|---|---|---|---|---|---|
| 胡萝卜先生继续往前走 | 走过鸟太太家的树底下 | 鸟太太 | 晾尿布没绳子 | 胡萝卜先生的胡子刚好在风里飘动着 | 就剪了一段用来晾尿布 |
|  |  |  |  |  |  |

**8.** 同学们的创编挺有趣的。但是，反复结构的故事，最后一次"反复"如果是故事的结尾，往往会有一点儿变化。猜猜看，《胡萝卜先生的长胡子》这个故事的结尾是怎样的呢？

**9.** 你想知道作者王一梅写的故事结尾吗？读一读。

胡萝卜先生想为自己配一副近视眼镜，就走进白菜小姐开的眼镜店。

配完眼镜，白菜小姐说："如果你用长胡子做绳子，把眼镜系住，就不怕找不到眼镜了。"

白菜小姐说这些话的时候，用一根长胡子系住了胡萝卜先生的眼镜。

当胡萝卜先生的眼镜不小心从鼻梁上滑落下来的时候，他的胡子就会拉住眼镜。胡萝卜先生高兴地说："我的胡子真是太棒了。"

（1）你预测的结尾和作家写的一样吗？如果一样，说说故事前面的哪些细节让你作出了准确的预测。

（2）你预测的结尾和作家写的一样吗？如果不一样，请你评价一下自己预测的结尾和作家写的结尾。

### ◆ 第二步：拓展延伸，激发阅读兴趣

**1.** 预测在生活中是非常有用的，当我们走进书店，看到琳琅满目的图书，不知道选哪一本的时候，就可以根据书名猜一猜书的内容，再作选择。你能从下面这些作品中选择一个对它的内容作出预测吗？

《躲猫猫大王》    《夏洛的网》    《帽子的秘密》

《柔软的阳光》    《团圆》    《小灵通漫游未来》

**2.** 请你们看看这些作品的故事梗概或者目录，看看自己的预测是否准确。

# 小狗学叫

[教学目标]

1. 借助表格梳理故事情节，了解故事结局之前的内容。

2. 依据故事的线索和故事所蕴含的道理对故事的三种可能的结局进行预测，并能说明这样预测的理由。

3. 懂得同一个故事可以有不同的结局，结局不同，故事所表达的想法、意义也会不同。

[教学过程]

### ❖ 第一步：梳理故事情节

**1.** 这是一只不会汪汪叫的小狗，因为不会叫，在它身上会发生什么事情呢？请同学们自由读结局之前的内容，然后填写表格。

| 遇到谁 | 学习什么 | 结果如何 |
|--------|----------|----------|
|        |          |          |
|        |          |          |

**2.** 小组交流，补充、完善表格的内容。

| 遇到谁 | 学习什么 | 结果如何 |
|---|---|---|
| 小公鸡 | 小公鸡的啼叫 | 被狐狸嘲笑 |
| 杜鹃 | 杜鹃的鸣叫 | 差点儿没了命 |

**3.** 小结：这只小狗真可怜，因为不会叫，所以努力学习叫。它先是遇到一只小公鸡，努力跟小公鸡学习啼叫，结果引来狐狸的嘲笑；接着它遇到杜鹃，跟杜鹃学习鸣叫，结果差点儿没了命。

### ❁ 第二步："完善"三个结局

**1.** 这个故事的作者是罗大里，你了解他吗？

罗大里，1920 年生于意大利，他非常了解儿童，一生为儿童写出了大量作品。其中《洋葱头历险记》《假话国历险记》等已经被译成各种语言，在全世界广为流传。1970 年，他被授予国际安徒生奖，这是世界儿童文学领域的最高奖项。

**2.** 罗大里写过一本特别的书——《有三个结尾的故事》，这本书里的每个故事都有三个结局。比如昨天我们回家后看的《当帽子从米兰上空纷纷坠落时》，那个故事就有三个结局。

**3.** 《小狗学叫》这个故事也有三个结局。现在你看到的三个结局是不完整的。我们今天要玩一玩"猜结局"的游戏，就是请你猜一猜三个完整的结局是怎样的。你要把前面学到的所有关于如何准确预测的本领都用出来。

**4.** 你觉得第一个完整的结局是怎样的？说出你的理由。

——狗可能不搭理母牛，就急匆匆地走了。因为前面它学鸡叫被嘲笑，学杜鹃叫差点儿丢了性命。

——狗可能就留在草地上学母牛叫，和母牛成了好朋友。因为故事总是要有变化的。

**5.** 你觉得第二个完整的结局是怎样的？说出你的理由。

——农民把狗带回家，让狗帮他看家……

——农民把狗送给一位盲人做导盲犬。因为狗虽然不会叫，但可以发挥特长去带路。

**6.** 你觉得第三个完整的结局是怎样的？说出你的理由。

——狗终于学会叫了……

——狗和这只会叫的狗幸福地生活在了一起……

### ❖ 第三步：补充信息，重新"完善"结局

**1.** 我先不公布作者的三个结局，再给你们一点儿信息，请第二次预测结局，看谁的预测准确。

**2.** 同样的故事，罗大里设计了三个不同的结局，因为结局不同，故事所传达的道理也不同。

> 第一个结局：学到的任何东西都是有用的。
>
> 第二个结局：有时候，"缺点"会变成"优点"。
>
> 第三个结局：找到正确的老师很重要。

**3.** 小组讨论：现在知道了三个结局最终要讲的道理，你能推测出三个结局是怎样的吗？

**4.** 你觉得第一个完整的结局是怎样的？说出你的理由。

——狗留在草地上学会了牛叫声，牛一个劲儿地夸赞它，狗变得很自信。它还学会了很多动物的叫声，被一位马戏团老板发现，成了马戏团里的口技明星。……

——狗学会了很多叫声，它还会模仿狮子的叫声，救下了差点儿被猛兽袭击的小动物。……

**5.** 你觉得第二个完整的结局是怎样的？说出你的理由。

——狗去替农民看家，因为不会叫，小偷发现不了它，反而被它抓住了。……

——狗被农民带去陪伴自己，因为农民很爱安静，有点儿吵闹就会失眠。从此他和狗成了好朋友，狗陪伴他睡觉，给他看家，他精心照顾这条不会叫的狗。……

**6.** 你觉得第三个完整的结局是怎样的？说出你的理由。

——狗终于找到了自己的同伴，学会了狗叫。……

**7.** 小结：这节课我们不仅再一次练习了预测，而且明白了同一个故事可以有不同的结局，故事所表达的想法、意义不一样，结局也就不一样。

# 第五单元

## 搭船的鸟

[教学目标]

1. 认识"父""鹦""鹉"等5个生字，通过猜测、验证知道"搭"的意思。

2. 聚焦作者看到的场景，运用图片选择、段落对比、图文比对、圈画动词等方法，感受翠鸟的美及其捕鱼的敏捷，体会作者观察的细致，学习观察的方法。

3. 运用观察记录表尝试观察并描写自己喜欢的动物的外貌或动作，感受人与动物的和谐。

[教学过程]

### 🌸 第一步：关注篇章页，明确学习目标

**1.** 今天我们要学习的课文是《搭船的鸟》，"搭"在这里是什么意思呢？我们来看看"搭"在字典里的几种意思，（出示字典里的解释）你会选择哪一种？我们来学习写这个"搭"字。

**2.** 阅读篇章页，看看这个单元我们主要学什么：作者是怎样留心观察周围事物的？

**3.** 默读课文，思考作者看到了哪些场景。

——雨中船上的场景。

——翠鸟的外貌。

——翠鸟捕鱼的样子。

**❖ 第二步：研读"雨中船上的场景"，学习观察**

**1.** 自由朗读第 1 自然段，读准字音。

**2.** 默读第 1 自然段，圈出作者具体看到了哪些事物。

**3.** 思考："橹"见过吗？哪幅图上的是"橹"？（出示橹、桨、篙的图片）说明理由。

**4.** 小结：一个"橹"字，可见作者观察细致。如果没有作者的细致观察，我们就不会如此认真地区分这三种工具。

**❖ 第三步：研读"翠鸟的外貌"，学习观察**

**1.** 从课文插图中找到搭船的鸟，仔细观察，用自己的话介绍这只鸟的外貌。

**2.** 作者是怎么介绍这只鸟的外貌的呢？请你在文中画下来，读一读。

**3.** "鹦鹉"这两个字你是用什么方法记住的？（正音）

**4.** 这是一只怎样的鸟？你是从哪里看出来的？
——这是一只美丽的鸟，我是从"羽毛是翠绿的，翅膀带着一些蓝色……还有一张红色的长嘴"这句话看出来的。

——这是一只色彩艳丽的鸟，我是从羽毛、翅膀、长嘴的颜色看出来的。

——这是一只五颜六色的鸟，鹦鹉我见过，色彩艳丽，而翠鸟竟然比鹦鹉还要漂亮啊！

**5.** 下面两段描写，哪一段比较好？

> 它的羽毛是翠绿的，翅膀带着一些蓝色，比鹦鹉还漂亮。它还有一张红色的长嘴。
>
> 它的翅膀带着一些蓝色，比鹦鹉还漂亮。它有一张红色的长嘴。它的羽毛是翠绿的。

——第1段比较好，虽然两段都写到了翅膀、羽毛和长嘴，但第2段比较混乱。

——第1段比较好，课文中的描写是有顺序的，先整体再局部，读着也舒服。

**6.** 小结：观察要有一定的顺序。

**7.** 提问：老师很喜欢这只翠鸟。这里有一只非常漂亮的鸟，你们帮我看看，它是翠鸟吗？（让学生进行图文比对，此图由123RF提供）同桌讨论。

> 它的羽毛是翠绿的，翅膀带着一些蓝色，比鹦鹉还漂亮。它还有一张红色的长嘴。

——不是的。翠鸟的羽毛是翠绿的，应该像翡翠的颜色，而这只鸟的羽毛是蓝色的。

——不是的。翠鸟的翅膀是带着一些蓝色，但不是全部都是蓝色。

——不是的。翠鸟的嘴是红色的长嘴，照片上的鸟嘴不够长，而且也不是红色的。

**8.** 小结：作者为什么可以把翠鸟描写得如此具体，用词那么准确呢？（留心观察、细致观察）

**9.** 提问：左边是课文中对翠鸟的描写，右边是人教课标版教材《翠鸟》一课中对翠鸟的描写，自己默读，你发现了什么共同点？

> 后来雨停了。我看见一只**彩色**的小鸟站在船头。多么**美丽**啊！它的**羽毛**是翠绿的，翅膀带着一些蓝色，比鹦鹉还漂亮。它还有一张红色的**长嘴**。

> 翠鸟喜欢停在水边的苇秆上，一双红色的小爪子紧紧地抓住苇秆。它的**颜色非常鲜艳**。头上的**羽毛**像橄色的头巾，绣满了翠绿色的花纹。背上的**羽毛**像浅绿色的外衣。腹部的**羽毛**像赤褐色的衬衫。它小巧玲珑，一双透亮灵活的眼睛下面，长着**一双又尖又长的嘴**。

——两位作者都写到了翠鸟的羽毛、长嘴。

——两位作者都写到了翠鸟的颜色鲜艳。

**10.** 提问：两位作者为什么都写到了这些部位和特点呢？

——因为这些是翠鸟的特点。

**11.** 小结：只有留心观察，我们才能发现一些与众不同的描写对象。就像这只搭船的鸟，如果没有作者的留心观察，就不会有这么有趣的画面、这么细腻的文字。选择写羽毛、长嘴也是作者留心观察的结果，只有留心观察，才会发现翠鸟的特点。

**第四步：研读"翠鸟捕鱼的样子"，学习观察**

**1.** 提取信息：默读第 4 自然段，圈出描写翠鸟动作敏捷的词语。

——冲、飞、衔、站、吞。

**2.** 提问：边读边想象画面，然后思考：这些动词的顺序能变化吗？

——不能，"冲"说明入水速度快，"衔"说明嘴里叼着鱼，最后的"吞"说明一口吃下去了。

——不能，每个动词都用得很准确。

——不能，这些动词是作者按照翠鸟捕鱼的过程写的。

**3.** 表达：你能用上这些动词，说说翠鸟捕鱼的过程吗？

**第五步：运用观察记录表，学习观察，迁移运用**

布置任务：运用本课学到的观察方法，选择自己喜欢的动物进行观察、记录，可以重点观察外貌，也可以重点观察动物的生活片段，如吃东西的动作、玩耍等。

| 观察对象 | | |
|---|---|---|
| 外貌 | | |
| | | |
| | | |
| （   ）的样子 | | |

（温馨提醒：有序观察，细致观察，有重点地观察。将关键词记录在表格中。）

# 金色的草地

## [教学目标]

1. 认识"蒲""英""耍"等6个生字，会写"蒲""英"等12个字。

2. 能说出草地的变化情况及变化的原因，体会"我"观察的细致。

3. 能自己观察某一种动植物或某一处场景的变化情况，并和同学交流。

## [教学过程]

### ❖ 第一步：学习字词

**1.** 我们先来读一读这篇课文中容易读错的字。

> pú　　　liào　　　qiàn
> 蒲公英　谢廖沙　打哈欠
>
> shuǎ　　lǒng　　shèng
> 玩耍　　合拢　　**盛**（多音字）开

**2.** 我们再来写一写这篇课文中容易写错的字。

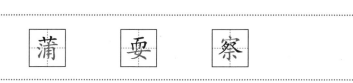

蒲　　　耍　　　察

**1.** 初读课文，你从哪里读出草地是金色的?

——我从第 1 自然段中找到了两句话："草地上长满了蒲公英。当蒲公英盛开的时候，这片草地就变成金色的了。"

——第 3 自然段中的"花朵张开时，花瓣是金色的，草地也是金色的"，让我知道了草地为什么是金色的。

**2.** 我们来读好这几个句子。(指导学生朗读)

**1.** 可是，有一天作者对这片"金色的草地"却有了新的发现。

> 有一天，我起得**很早**去钓鱼，发现草地并不是金色的，而是**绿色**的。**中午回家的时候**，我看见草地是**金色**的。**傍晚的时候**，草地又变**绿**了。

**2.** 读读句子，说说你有什么发现。

——草地的颜色是变化的：从绿色到金色，再到绿色。(圈出表示颜色变化的词语，强调颜色的变化读句子)

——蒲公英的颜色随着时间的变化而变化。

——作者是在不同的时间段观察蒲公英的。(强调时间点读句子)

**3.** 小结：是啊，在不同的时间段进行观察，就会有不一样的发现。观察一种变化的景物时，你也可以像作者这样进行长时间的连续观察，发现它的变化。

**4.** 草地为什么会变色呢？默读第 3 自然段，找出草地变色的原因并画下来，再填写课文后面的第二题。（让学生填好后交流）

> 早上，草地 是**绿色**的，因为蒲公英 花朵合拢了；
>
> 中午，草地 是**金色**的，因为蒲公英 花朵张开了；
>
> 傍晚，草地 是**绿色**的，因为蒲公英 花朵又合拢了。

**5.** 你能根据填好的表格说说草地变色的原因吗？

**6.** 你瞧，作者带着问题去深入观察，就有了这个神奇的发现。老师根据大家的介绍写成这样一段话，和课文中的描述相比，哪个更有画面感？为什么？

> 早上，草地是绿色的，因为蒲公英花朵合拢了；中午，草地是金色的，因为蒲公英花朵张开了；傍晚，草地是绿色的，因为蒲公英花朵又合拢了。
>
> **原来，蒲公英的花就像我们的手掌，可以张开、合上。花朵张开时，花瓣是金色的，草地也是金色的；花朵合拢时，金色的花瓣被包住了，草地就变成绿色的了。**

**7.** 小结：课文运用两个相似的事物形象、生动、直观地写出了蒲公英的花"张开"与"合上"的特点，更有画面感。（指导学生朗读——一边读一边用手演示动作）

❖ **第四步：回顾课文，学会观察**

**1.** 草地的变化可真有趣啊，要是没有细致观察，可发现不了。你从哪些地方可以感受到作者的观察非常细致呢?

——"我"在不同的时间段(很早、中午、傍晚)观察了蒲公英的变化。

——"我"不仅观察了蒲公英的变化,还去思考蒲公英变化的原因,然后继续观察。

…………

**2.** 课文第 2 自然段是写"我"和弟弟在草地上玩耍的情形,这跟发现蒲公英的变化好像没什么关系,那么这一段是不是多余的?

——不是多余的,因为"我"和弟弟常常在草地上玩耍,所以"我"才能留意到蒲公英的变化。

——不是多余的,因为草地就在"我"的窗前,"我"最熟悉它,最喜欢它,可以近距离观察它。

**3.** 小结:观察就要从身边最熟悉的事物开始,如果我们留心身边的事物,细致观察、持续观察,有了发现后打破砂锅问到底,继续深入观察,就能有所收获。

◆ **第五步:随堂练笔,观察、记录**

**1.** 请你们看关于含羞草的视频,记录下视频中含羞草的变化。

> 要求: ①连续观察含羞草的变化并记录下来。
> ②能按照顺序把变化的过程写具体。

|  | 含羞草的变化 |
| --- | --- |
| 触碰前 | |
| 触碰后 | |

**2.** 请你根据表格写一个关于含羞草触碰前后发生变化的片段。（学生写完后，教师点评其中一两位学生写的片段）

**3.** 请你像文中的"我"一样，去认真观察一种自己熟悉或喜欢的事物，记录它的变化吧。

## 第六单元

# 富饶的西沙群岛

[**教学目标**]

1. 认识"饶""优"等生字以及课文中的四字词语，并能根据课文内容给这些词语分类。

2. 能根据关键词寻找关键句，围绕关键句读懂一段话，感受西沙群岛的美丽、富饶。

3. 能借助课文中的关键词句，尝试围绕一个意思介绍自己喜欢的部分。

[**教学过程**]

❖ **第一步：学习词语**

**1.** 这篇课文四字词语比较多，你会读吗？

| | | | |
|---|---|---|---|
| 风景优美 | 物产丰富 | 五光十色 | 瑰丽无比 |
| 各种各样 | 成群结队 | 飘飘摇摇 | |

**2.** 你理解这些词语的意思吗？

（1）课文写到西沙群岛的海水时用到了哪两个四字词语呢？（五光十色、瑰丽无比）

（2）哪个词语是形容珊瑚的？（各种各样）

（3）写鱼多用了哪个词语？（成群结队）写鱼游动的样子又用了哪个词语？（飘飘摇摇）

（根据学生的回答，形成板书）

| 风景优美物产丰富 | 海水：五光十色　瑰丽无比 |
| | 珊瑚：各种各样 |
| | 鱼：成群结队　飘飘摇摇 |

**❖ 第二步：根据关键词，寻找关键句**

**1.** 其实这篇课文是围绕两个中心词来写的，请自由朗读课文，找一找。这些四字词语中，哪两个可以概括整篇课文的内容？

——风景优美、物产丰富。

**2.** 为什么你们这么快就找到了这两个关键词？

——这篇课文有总起段，总起段里有关键句——"那里风景优美，物产丰富，是个可爱的地方"，里面的关键词就是"风景优美""物产丰富"。

——这篇课文首尾呼应，最后一个自然段是总结段，关键句是"随着祖国建设事业的发展，可爱的西沙群岛，必将变得更加美丽，更加富饶"，里面的关键词就是"美丽""富饶"。

——这篇课文是总分总结构，第2自然段讲风景优美，第3～5自然段讲物产丰富。

**❖ 第三步：借助关键句，感受物产丰富**

**1.** 既然物产丰富，那么课文中提到了哪些物产呢？圈一圈。

——珊瑚、海参、大龙虾、鱼、鸟。

**2.** 西沙群岛只有这些物产吗？（介绍一些西沙群岛的物产）那么多物产，为什么作者只写了五种？

——写不完，只能有所选择。

**3.** 这五种物产，"待遇"是不一样的，哪两种物产"待遇"比较好，作者各用了整整一段来介绍？（鱼、鸟）介绍物产，有的详细，有的简略，这叫"有详有略"。

**4.** 我们来读第 4 自然段，前面我们找了整篇课文的关键句，现在我们来找这个段落的关键句。你觉得是哪一句呢？

> 鱼成群结队地在珊瑚丛中穿来穿去，好看极了。有的全身布满彩色的条纹；有的头上长着一簇红缨；有的周身像插着好些扇子，游动的时候飘飘摇摇；有的眼睛圆溜溜的，身上长满了刺，鼓起气来像皮球一样圆。**各种各样的鱼多得数不清**。正像人们说的那样，西沙群岛的海里一半是水，一半是鱼。

——各种各样的鱼多得数不清。

**5.** 这个关键句是什么意思？（鱼的数量多，鱼的种类也很多）为什么大家觉得这句话是这一段的关键句？（因为整段话都在讲鱼的数量和种类多）你是从哪里看出鱼的数量和种类很多的？

——鱼成群结队地在珊瑚丛中穿来穿去，好看极了。

"成群结队"是什么意思？这一句写出了鱼数量多。

——正像人们说的那样，西沙群岛的海里一半是水，一半是鱼。

这一句用了夸张的修辞手法，还是写出了鱼数量多。

——有的全身布满彩色的条纹；有的头上长着一簇红缨；有的周身像插着好些扇子，游动的时候飘飘摇摇；有的眼睛圆溜溜的，身上长满了刺，鼓起气来像皮球一样圆。

（1）这一句想强调鱼的种类多，可是这里只写了四种鱼，种类不多啊？（海里鱼的种类是很多的，作者不可能都写出来，只能选择一些来写）

（2）是啊，海里鱼的种类很多，（出示一些海鱼的图片）不可能都写出来，如果让你来选，你会选哪一种来写？

（3）是啊，作者也一样，选择有特点的、让自己感到惊喜的来写。我们来读一读，强调鱼的特点，突出作者的惊喜。

### ❖ 第四步：围绕关键词句拓展练习

**1.** 西沙群岛不仅鱼的种类多、数量多，鸟的种类和数量也非常多。读第 5 自然段，你从哪里可以看出来？

——栖息着各种海鸟。

——遍地都是鸟蛋。

——堆积着一层厚厚的鸟粪。

**2.** 西沙群岛上鸟的种类和数量确实非常多。我们来看看西沙群岛上的一些鸟。（出示一些西沙群岛上的鸟的图片）你们能不能像第 4 自然段写鱼那样写一写鸟呢？

> 西沙群岛也是鸟的天下。有的（　　　　）；有的（　　　　）；有的（　　　　）；有的（　　　　）。各种各样的鸟多得数不清，它们可是岛上数量最庞大的居民群之一哦。

**3.** 你们都写得不错，抓住了鸟的特点，也让我们感受到了鸟种类很多、数量很多。课文里有这样直接写鸟的地方吗？（没有）你们刚才的写法是直接描写，而作者前面写鱼时已经用了直接描写，所以写鸟时选择了另外一种写法——侧面描写。

**4.** 总结：这篇课文通过正面描写、侧面描写等多种方式写了西沙群岛风景优美、物产丰富。

### ❖ 第五步：指导书写

**1.** 书写时要注意笔顺的字：浅、挺。

**2.** 注意易错字：刺、鼓。

## 附：板书设计

| | 富饶的西沙群岛 |
|---|---|
| 风景优美<br>物产丰富 | 海水：五光十色　瑰丽无比<br>珊瑚：各种各样<br>鱼：成群结队　飘飘摇摇 |

# 海滨小城

[教学目标]

1. 在语境中理解"海滨""浩瀚"等词语,认识多音字"臂",并能借助词组梳理课文的结构。

2. 正确、流利地朗读课文,找出课文描写的主要景象,想象画面,感受海滨小城的美丽与整洁,积累好词好句。

3. 找出第4~6自然段中的关键语句,了解如何围绕关键句将事物写具体,体会写法。

[教学过程]

❖ 第一步:检查字词,梳理结构

**1.** 我们先来读词语,看看同学们在预习时是否关注了生字、新词。

(1)我们先来读第一组词语。(指导学生朗读——"的"字要读得轻而快;随机辨析多音字"臂";帮助学生理解"浩瀚")

> 白色的、灰色的海鸥    跟海鸥一样颜色的云朵
>
> 银光闪闪的鱼    青色的虾和蟹    金黄色的海螺
>
> 浩瀚的大海
>
> 棕色的机帆船    银白色的军舰
>
> 脸和胳臂也镀上了一层金黄色

各种颜色、各种花纹的贝壳

帆船上的渔民　　军舰上的战士

（2）下面，我们来读第二组词语。（借助图片，帮助学生认识其中的
几种树）

桉树　　凤凰树　　榕树

石凳　　沥青的大路

（3）这两组词语都是写海滨小城的，读完后，你有什么发现？

——第一组词语来自第1～3自然段，第二组词语来自第4～6自
然段。

——第一组词语是写大海和海边的景物。

——第二组词语是写小城的景物。

**2.** 小结：是的，从这些景物描写中，我们发现，这篇课文就是从海
滨和小城两个方面来介绍的。

**3.** 这个"滨"指的是什么呢？（让学生借助"滨"的偏旁以及相
关的景物猜字义）

——"滨"就是水边，靠近水的地方。（拓展"江滨""湖滨""河
滨"……）

**4.** 写海滨和小城，作者分别写了哪几个地方呢？默读课文，在文
中圈出来，再完成下面的思维导图。

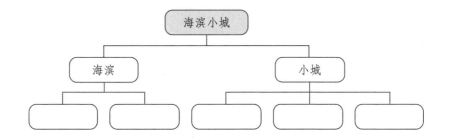

**5.** 小结：课文先写海滨再写小城，带我们欣赏了大海和沙滩的风光，以及庭院、公园和街道的美景，所以"海滨小城"就是指海边的小城。

---

❖ **第二步：抓住景物，体会海滨之美**

---

**1.** 那我们就先走进海滨看看，刚才我们读的第一组词语就是关于海滨的景物的，但顺序是乱的。作者又是怎样介绍的呢？请你联系课文按照顺序排一排。

（1）按照顺序整理、排列。

> 浩瀚的大海
>
> 棕色的机帆船　　银白色的军舰
>
> 白色的、灰色的海鸥　　跟海鸥一样颜色的云朵
>
> 帆船上的渔民　　军舰上的战士
>
> 脸和胳臂也镀上了一层金黄色
>
> 各种颜色、各种花纹的贝壳
>
> 银光闪闪的鱼　　青色的虾和蟹　　金黄色的海螺

（2）在整理、排列过程中你有什么发现？

——这些景物是从远到近、从大到小来排的。

——作者写景物是有顺序的。

**2.** 写海滨，作者是按照一定的顺序来写这些景物的。然而，只是按照一定的顺序写，就够了吗？

——不够。

**3.** 我们再把这些景物放回段落里，读一读，填一填。

> 　　海天交界的水平线上，有（棕色）的**机帆船**和（银白色）的**军舰**来来往往。天空飞翔着（白色）的、（灰色）的**海鸥**，还飘着跟海鸥一样颜色的**云朵**。
>
> 　　早晨，**机帆船、军舰、海鸥、云朵**，都被朝阳镀上了一层（金黄色）。**帆船上的渔民，军舰上的战士**，他们的脸和胳臂也镀上了一层（金黄色）。
>
> 　　船上满载着（银光闪闪）的**鱼**，还有（青色）的**虾**和**蟹**，（金黄色）的**海螺**。

（1）填完这些词语，你有什么发现呢？

——这些词语都是表示颜色的。

——作者写海滨的景物时抓住了它们颜色的特点来写。

（2）再来读读这些表示颜色的词语，你有什么发现？

> 棕色　　银白色　　白色　　灰色　　金黄色　　青色
> 银光闪闪

——第一行词语写出了颜色很多，很丰富。

——"银光闪闪"不仅写了颜色，还写了颜色的动态美。

——几个"金黄色"，让我发现这些颜色是有变化的，是从别的颜色变成金黄色的。（随机换词帮助学生理解"镀"，并感受阳光和景物融合的美）

**4.** 小结：是啊，这就是海滨景物特别的美，不仅颜色多，还有变化。我们在介绍一个地方的景物时，不仅要有一定的顺序，还要抓特点，写具体。

**5.** 指导学生朗读：强调表示颜色的词语，读出美丽的海滨风光。

🔹 **第三步：围绕关键句，体会小城的美与整洁**

**1.** 读第 4～6 自然段。作者又介绍了小城的什么特点？你是从哪里看出来的？

——第 4 自然段：庭院树多；第 5 自然段：公园更美；第 6 自然段：街道也美。

——每一段的第一句都是关键句，说了本段要介绍的内容。

**2.** 有了这些关键句，小城就可以介绍清楚了，那老师这样介绍小城是不是就可以啦？

小城里每一个庭院都栽了很多树。

小城的公园更美。

小城的街道也美。

——不行，这样太简单了。

——不可以，这样介绍不够生动，体现不出小城的美。

**3.** 是的，所以还要围绕关键句，把它写具体。

**4.** 我们先来看看围绕"小城里每一个庭院都栽了很多树"这句话，

作者分别写了什么?

> **小城里每一个庭院都栽了很多树**。有桉树、椰子树、橄榄树、凤凰树，
> 还有别的许多亚热带树木。初夏，桉树叶子散发出来的香味，飘得满街满
> 院都是。凤凰树开了花，开得那么热闹，小城好像笼罩在一片片红云中。

（1）一句一句地读，圈出关键词，概括填写思维导图。

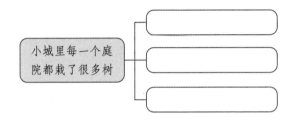

（2）交流、汇报填写的关键词。

——从"许多"感受到树的种类多。

——从"满街满院""香味"能看出桉树的香味很浓，香味飘满了整
个小城，说明桉树一定很多。

——从"开得那么热闹""笼罩在一片片红云中"能看出凤凰树花很
多、很美。

**5.** 指导学生朗读本段：抓住关键语句，体会"树多"的特点。

**6.** 小结：作者围绕关键语句，从树的种类多、叶很香、花开热闹三
个方面写出了庭院的独特景象。

**7.** 迁移学习：作者又是怎么围绕关键句写"公园之美""街道之
美"的？

（1）自由读第5、6自然段，学着刚才的方法梳理、填写思维导图。

（2）小组交流，汇报。（抓住关键词来交流）

（3）对比"公园之美""街道之美"。

（4）写公园时作者选择了"榕树""石凳"，写街道时作者选择了"细沙"，作者为什么选择这些景物而不选其他景物呢？

—— 这些景物有代表性，突出了海滨小城的特色。

**8.** 围绕关键句选取有代表性的景物从不同的方面介绍，让我们更能体会到小城庭院、公园、街道的美。（指导学生朗读第4～6自然段）

**9.** 怪不得作者在最后还说 ——"这座海滨小城真是又美丽又整洁"。（让学生齐读句子）

### 第四步：指导书写

**1.** 出示生字的结构图，注意引导学生观察不同生字的结构、笔画。

**2.** 注意"躺""载""亚""夏"的写法。

> 躺：左半部分身字旁第六笔为横，且不出头。
>
> 载：半包围结构，注意车部的横变为提，笔顺为横—撇折—竖—提。
>
> 亚：与"碰"的右半部分结合起来教学，注意不多笔画。
>
> 夏：注意下半部分的写法，撇要稍长一些。

# 美丽的小兴安岭

## [教学目标]

1. 认识"兴""融""侧"等13个生字，读准多音字"兴""舍"，写好"材""视""软"等字。

2. 能借助关键词句读懂一段话的意思，感受小兴安岭四季共同的美和不同的美。

3. 能结合课文内容，说说喜欢小兴安岭的理由。

## [教学过程]

### ❖ 第一步：学习字词

**1.** "舍"和"兴"是这篇课文中的多音字，我们一起来分辨、读准它们。

> **舍**得　　宿**舍**　　恋恋不**舍**
>
> 妈妈**兴**高采烈地告诉我，我们要去小**兴**安岭旅游了。

**2.** 这篇课文中四字词语也比较多，我们来读一读，并填空。

> 葱葱茏茏　　密密层层　　严严实实
>
> 又香又脆　　又松又软　　又（　）又（　）

**1.** 学习上一篇课文时，我们很快就找到了整篇课文的关键句。你
有什么经验吗？

　　——关键句很多时候在文章的开头、结尾处。

　　——关键句往往是对整篇文章主要内容的概括。

**2.** 看看我们总结的经验能不能帮助我们迅速找到关键句，找一找，
画一画。

　　——小兴安岭一年四季景色诱人，是一座美丽的大花园，也是一座
巨大的宝库。

**3.** 在"大花园""宝库"这两个词语下面加上着重号，再读一读，
你读懂了什么？

> 小兴安岭一年四季景色诱人，是一座美丽的大花园，也是一座巨大的
> 宝库。

　　——小兴安岭非常美丽……

　　——小兴安岭物产丰富……

　　——和《富饶的西沙群岛》一样，这篇课文写了小兴安岭的美丽、
富饶。

**4.** 这个句子确实是整篇课文的关键句，带着这个认识再读整篇课
文，说说你有什么新的发现。（放开让学生说，学生的发现越多越好）

　　——课文是总分总结构。

　　——中间部分是按春夏秋冬的季节顺序来写的。

——中间写了小兴安岭的景色美丽，也写了小兴安岭的物产丰富。

............

### ❀ 第三步：感受四季共同的美

**1.** 刚才有人说了中间部分是按季节顺序来写的，写了四季不同的景物，但是，你发现了吗？四个季节里，有一样事物都写到了，是什么？（树）

**2.** 把四个季节中写树的句子画下来。

> 树木抽出新的枝条，长出嫩绿的叶子。
>
> 树木长得葱葱茏茏，密密层层的枝叶把森林封得严严实实的，挡住了人们的视线，遮住了蓝蓝的天空。
>
> 白桦和栎树的叶子变黄了，松柏显得更苍翠了。秋风吹来，落叶在林间飞舞。
>
> 树上积满了白雪。

**3.** 为什么四个季节都写到了树？（因为小兴安岭最大的特点就是树多）你是从哪个句子读出小兴安岭的树非常多的？

——我国东北的小兴安岭，有数不清的红松、白桦、栎树……几百里连成一片，就像绿色的海洋。

**4.** 虽然四个季节都写到了树，但是四季的树各有特点。读上面四句话，说说如果你有机会去小兴安岭看树，每个季节重点看什么。（根据学生的发言提炼、总结）

——春天去看树抽枝长叶的样子。

——夏天去看树葱葱茏茏的样子。

——秋天去看树叶子变黄的样子。

——冬天去看树积满白雪的样子。

**5.** 一年四季，树都有自己独特的美。（出示图片，展示小兴安岭四季树木的变化，让学生欣赏）让我们有感情地朗读句子。

### ❀ 第四步：感受四季不同的美

**1.** 除了树木，四个段落还写了具有季节特点的事物。我们来看春天。

> 春天，树木抽出新的枝条，长出嫩绿的叶子。山上的积雪融化了，雪水汇成小溪，淙淙地流着。溪里涨满了春水。小鹿在溪边散步，它们有的俯下身子喝水，有的侧着脑袋欣赏自己映在水里的影子。

**2.** 老师读这段话时发现，作者写春天的小兴安岭，先是写树，然后是写溪水。下面，老师把读这段话时的想法大声说给你们听。（这里可以用微课）

> 小兴安岭的春天，除了树，值得看的还有溪水。小兴安岭的溪水特别清凉，因为溪水都是山上的积雪融化而成的；小兴安岭的溪水声音特别好听，淙淙地流着；小兴安岭的溪水特别清澈，能映照出小鹿的影子。我要把这段话美美地读一读……

**3.** 听了老师心里的想法后，谁来说说小兴安岭的春天，除了树，值得看的还有什么？让我们带着自己的理解有感情地读一读这段话。

**4.** 请你用这样的方式去读夏、秋、冬三段。用下面的句式说一说。
（和有感情地朗读结合起来）

> 小兴安岭的夏天（秋天、冬天），除了树，值得看的还有_____
> _____。

　　——小兴安岭的夏天，除了树，值得看的还有草地。阳光照耀下的草地特别美，阳光透过树梢，草地上闪着亮光。鲜花盛开的草地特别美，草地上有各种颜色、各种样子的野花，像个大花盆。

　　——小兴安岭的秋天，除了树，值得看的还有果实。有的美味可口，例如酸甜可口的山葡萄、又香又脆的榛子、鲜嫩的蘑菇和木耳；有的营养丰富，例如人参等名贵药材。

　　——小兴安岭的冬天，除了树，值得看的还有动物……

**5.** 小结，板书。

❀ **第五步：指导书写，布置作业**

**1.** 指导书写：注意"材""视""软"三个字里撇的穿插。

**2.** 布置作业：选择家乡最美的一个季节仿照课文写一写。

# 第七单元

# 大自然的声音

[教学目标]

1. 随文识字，读好拟声词，读准多音字"呢"，会写"器""滴"等字。

2. 能在朗读、比较中感受课文中描写声音的词语的生动，体会大自然中声音的丰富和美妙。

3. 能联系生活，仿照课文，写一种听到过的声音，借助拟声词等把这种声音写丰富、写生动。

[教学过程]

### ❖ 第一步：理清课文的结构

**1.** 课文写了大自然的哪些声音？读一读，填写表格。

**2.** 小结：这篇课文就是写大自然的美妙的声音，风、水、动物就是大自然的音乐家和歌手。

**3.** 在大自然中，和风、水、动物有关的声音有哪些呢？读一读，画一画。

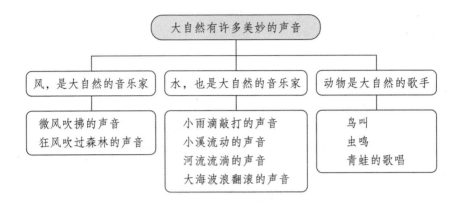

**4.** 大声思维：所以这篇课文的结构是很清晰的。这篇课文讲了大自然有很多美妙的声音，例如，风是大自然的音乐家，大自然里有微风吹拂的声音……例如，动物是大自然的歌手，大自然里有鸟叫，有虫鸣，有青蛙的歌唱。

**5.** 你能看着课文结构图说一说课文的主要内容吗？

🌸 **第二步：积累优美的语言**

**1.** 过渡：像刚才这样说，虽然结构很清楚，但语言不够优美。课文里的句子可美了。

**2.** 这篇课文是写声音——大自然的声音的，写声音一般会用到拟声词。请你读课文，圈出这篇课文中的拟声词，读一读。

滴滴答答　叮叮咚咚　潺潺　漏漏　哗哗

叽叽喳喳　唧哩哩

**3.** 合上课文，想想：这些拟声词是在写什么事物发出的声音？

> 滴滴答答——小雨滴
>
> 叮叮咚咚——小雨滴
>
> 淙淙——小溪流动
>
> 潺潺——河流流淌
>
> 哗哗——海浪翻滚
>
> 叽叽喳喳——鸟叫
>
> 唧哩哩——虫鸣

**4.** 这些拟声词只有放到具体的句子中，才能让人感受到它们的效果。我们来读一读。

> 小雨滴敲敲打打，一场热闹的音乐会便开始了。**滴滴答答……叮叮咚咚……**所有的树林，树林里的每片树叶；所有的房子，房子的屋顶和窗户，都发出不同的声音。
>
> 当小雨滴汇聚起来，他们便一起唱着歌：小溪**淙淙**，流向河流；河流**潺潺**，流向大海；大海**哗哗**，汹涌澎湃。
>
> 走在公园里，听听树上**叽叽喳喳**的鸟叫；坐在一棵树下，听听**唧哩哩唧哩哩**的虫鸣；在水塘边散步，听听青蛙的歌唱。

**5.** 其实不用拟声词，我们也能感觉到声音。下面，我们对比读两段话，先用拟声词，然后不用拟声词。读后说说你的想法。

> 小雨滴敲敲打打，一场热闹的音乐会便开始了。**滴滴答答……叮叮咚咚……**所有的树林，树林里的每片树叶；所有的房子，房子的屋顶和窗户，都发出不同的声音。

当小雨滴汇聚起来，他们便一起唱着歌：小溪**淙淙**，流向河流；河流**潺潺**，流向大海；大海**哗哗**，汹涌澎湃。

走在公园里，听听树上**叽叽喳喳**的鸟叫；坐在一棵树下，听听**唧哩哩唧哩哩**的虫鸣；在水塘边散步，听听青蛙的歌唱。

小雨滴敲敲打打，所有的树林，树林里的每片树叶；所有的房子，房子的屋顶和窗户，都发出不同的声音。

当小雨滴汇聚起来，小溪流向河流，河流流向大海，大海汹涌澎湃。

走在公园里，听听树上的鸟叫；坐在一棵树下，听听虫鸣；在水塘边散步，听听青蛙的歌唱。

——用上拟声词，句子读起来感觉更"动听"了。

——这些拟声词还写出了声音的变化，比如，把"小溪淙淙""河流潺潺""大海哗哗"放到句子里，就写出了声音由小到大、由轻柔到波澜壮阔的变化。

——用上拟声词，声音显得更"丰富"了，例如，"滴滴答答""叮叮咚咚"这两个拟声词，让我们感觉到雨点落在不同东西上发出了不同的声音。（想象一下：雨点还会落在哪里？会发出怎样的声音？）

**6.** 小结：你瞧，把拟声词放到句子中，我们就感受到了水声的动听、丰富和变化，就感受到了大自然声音的美妙。（让学生朗读全段）

**7.** 当然，写声音，不是说一定要用上拟声词。课文中有些句子没有用拟声词，但依然让我们感受到了声音的魅力。你喜欢课文中的哪一句？（让学生自由说，然后有感情地朗读）

——"当微风拂过，那声音轻轻柔柔的，好像呢喃细语，让人感受到大自然的温柔。"我喜欢这一句……

——"当狂风吹起，整座森林都激动起来，合奏出一首雄伟的乐曲，那声音充满力量，令人感受到大自然的威力。"我喜欢这一句……

——"在水塘边散步，听听青蛙的歌唱。你知道他们唱的是什么吗？他们的歌声好像告诉我们：'我在歌唱，我很快乐！'"我喜欢这几句……

### 第三步：迁移运用，拓展练笔

**1.** 生活中到处都有美妙的声音，你注意到这些声音了吗？（播放各种声音的音频：清晨的鸟叫声、厨房里锅碗瓢盆碰撞的声音）说说你听到了哪些声音，尽量说拟声词。（随机板书拟声词）

**2.** 你能否用上拟声词，仿照课文的写法，写一段话？（教师点评）

### 第四步：指导书写

**1.** 本课中要求会写的字，如"琴""激""器""敲"，书写时有哪些地方需要注意呢？

> ①注意易错字："琴"的底下是"今"字，不要加点。"敲"的右边不要写成"支"。
>
> ②注意结构："激"和"器"分别是左中右结构和上中下结构，要注意各部分摆放的位置和笔画的穿插。

**2.** 摘抄课文中自己喜欢的句子。

# 读不完的大书

[ **教学目标** ]

　　1.朗读课文，梳理课文描写了大自然中哪些"好玩的东西"，体会课文语言的简洁而丰富。

　　2.聚焦植物与动物，体会作者用列举的方法写出"读不完"的丰富，感受大自然这本书的好玩、有趣。

　　3.探究"我"是如何读懂大自然这本书的，体会作者的善于观察。

[ **教学过程** ]

❖ **第一步：初读课文，了解自然之书**

**1.** 读课文题目。这个题目很奇怪，让人看了之后忍不住想提问。你有什么疑问？

　　——书为什么读不完呢？

　　——这到底是一本怎样的书呢？

**2.** 是啊，读不完的大书到底是一本怎样的书呢？带着问题读课文。

　　——这书其实指的是大自然。

**3.** 是啊，作者一直在看大自然这本书，作者都看到了什么呢？

第2自然段，他写看到了——小麻雀、老鹰、蚂蚁。

第3自然段，他写看到了——花儿、草。

第 4 自然段，他写看到了——果树（梨树、桃树、橘子树、柚子树）。

第 5 自然段，他写看到了——竹子、棕榈。

②**小麻雀**叽叽喳喳、蹦蹦跳跳的，叫人愉悦。**老鹰**在高空盘旋，展翅滑翔，突然猛扑而下，给人以雄健勇猛的感觉。**蚂蚁**搬家，井然有序，当两军对垒时，那勇敢忠贞的精神，真叫人敬佩。

③植物的开花、结籽，暑寒荣枯，有着不同的趣味。**花儿**有红的、黄的、紫的、蓝的，形状有单瓣的、重瓣的，千姿百态。**草**的叶子各不相同，有长有短，有宽有窄，有的还带着刺。

④我家房子前后栽有各种**果树**，有**梨树**、**桃树**、**橘子树**、**柚子树**，在不同的时间里，它们开不同的花，结不同的果。刚从树上摘下的果子，味道格外鲜美。

⑤我最喜爱的，是我家屋后的两丛**竹子**和一株**棕榈**。竹子长得快，雨后春笋，一天长几寸，没几天就长得和我一样高了。微风吹来，沙沙的竹叶声，如同温柔的细语。池塘边的棕榈树高大挺拔，大蒲扇似的叶子在风中摇摆，一副超凡脱俗的样子。在秋高气爽的日子里，它倒映在池塘的水中，小鱼在倒影间游玩，又是另一种境界。

**4.** 作者用了四个自然段基本就把大自然看完了，为什么又说大自然读不完呢？

——作者只是举了一些例子。

——作者只是写了他喜欢的事物，大自然中还有很多东西呢。

**5.** 那你们说说看，大自然中还有什么？（让学生自由说）

——云朵、江河、乌龟、雨雪、狮子、小石子……

**6.** 哇，这样说太累了，我们分类来说。

空中有——鸟、云、太阳、月亮、星星、雨……

水里有——螃蟹、蛇、鱼、虾、水草……

地上有——老虎、狼、狗、猫、松树、椰子树……

**7.** 哦，老师明白了，大自然这本书真的是读不完的，作者在第2～5自然段中只是选择了几样事物来写。大自然这本书里的内容多到什么程度呢？老师写了一段话。

> **空中有**鸟、云、太阳、月亮、星星、雨……**水里有**螃蟹、蛇、鱼、虾、水草……**地上有**老虎、狼、狗、猫、蚂蚁、蜻蜓、松树、椰子树、菊花、喇叭花……世界万物，不仅好玩，还让人沉思和遐想。

**8.** 作者在课文开头也写了一段类似的话。这两段话，意思是一样的，你更喜欢哪一段呢？

> **空中有**鸟、云、太阳、月亮、星星、雨……**水里有**螃蟹、蛇、鱼、虾、水草……**地上有**老虎、狼、狗、猫、蚂蚁、蜻蜓、松树、椰子树、菊花、喇叭花……世界万物，不仅好玩，还让人沉思和遐想。
>
> **空中的**浮云飞鸟，**水里的**虾蟹游鱼，**地上的**走兽昆虫、花草树木……世界万物，不仅好玩，还让人沉思和遐想。

**9.** 是啊，下面这段话又简洁又丰富。你看——

"走兽昆虫"只有四个字，却包含了（　　　　　　）。

"花草树木"只有四个字，却包含了（　　　　　　）。

"虾蟹游鱼"只有四个字，却包含了（　　　　　　）。

**10.** 发现了吧，汉语偏爱用四字词语来概括、形容一些事物，它不仅包含的意思多，而且读起来好听。我们一起合作读一读。

> 高远的天空，广阔的大地，空中的——**浮云飞鸟**，水里的——**虾蟹游鱼**，地上的——**走兽昆虫、花草树木**……世界万物，不仅好玩，还让人沉思和遐想。

**11.** 这种概括、形容世界万物的四字词语还有很多呢，我们来读一读，积累一下。

> 风花雪月　　江河湖海　　日月星辰
>
> 虎豹豺狼　　花鸟虫鱼　　飞禽走兽
>
> 山川河流　　风雨雷电　　梅兰竹菊

### ❖ 第二步：聚焦植物，体会"读不完"的丰富

**1.** 下面，我们和作者一样去细致地看一看大自然这本书。我们先去看一看植物吧。植物里引人注目的有花。（出示各种颜色、各种形态的花）说说你们的感受。

——颜色很多。

——有各种各样的花。

——花的姿态各种各样。

**2.** 是啊，大自然里的花真奇妙，有那么多颜色。有哪些颜色？

——白的、红的、蓝的、粉的、紫的、黄的、青色的……

**3.** 我们来看看作者看到了哪些颜色。（花儿有红的、黄的、紫的、

蓝的）所以，作者没读懂花啊，他看了半天才看到四种颜色。你同意这种理解吗？

——作者也看到了很多颜色，但说是说不完的，就从中选择了几种来写。

**4.** 也就是说，作者虽然只列举了四种，但其实已经表明了花的颜色很多很多。

**5.** 我们再来看看花的形状，你看到了哪些形状？

——喇叭形、扇形、圆形，单瓣的、多瓣的……

**6.** 所以作者还是不会看大自然这本书，不会看花，他只看到了花的两种形状。

——不是的，后面有一个词语"千姿百态"，说明花的形状有很多。

**7.** 那么如果让你在花的颜色后面加一个表示颜色很多的词语，你会用哪个？

——五颜六色、万紫千红、五彩缤纷。

**8.** 小结：你看作者很会看大自然这本书啊，他看植物，注意看植物的颜色、形状，然后用列举的方法写。在这篇课文里，他基本是用这种方法写植物的。我们来读读。

> **花儿**有红的、黄的、紫的、蓝的，形状有单瓣的、重瓣的，千姿百态。
> **草**的叶子各不相同，有长有短，有宽有窄，有的还带着刺。
> 我家房子前后栽有各种**果树**，有梨树、桃树、橘子树、柚子树，在不同的时间里，它们开不同的花，结不同的果。

**9.** 读这些并列的词语，尤其末尾是"的"的词语，"的"要读轻声。听老师读。请你们练习。

❖ **第三步：研读动物，感受大自然这本书的好玩**

**1.** 看大自然里的植物，主要看颜色、形状。看动物呢？读下面这段话，说说作者是怎么看动物的。

> **小麻雀**叽叽喳喳、蹦蹦跳跳的，叫人愉悦。**老鹰**在高空盘旋，展翅滑翔，突然猛扑而下，给人以雄健勇猛的感觉。**蚂蚁**搬家，井然有序，当两军对垒时，那勇敢忠贞的精神，真叫人敬佩。

——听声音。

——观察动物的动作。

——写自己的感受。（"叫人愉悦""给人以雄健勇猛的感觉""那勇敢忠贞的精神，真叫人敬佩"这些语句在写什么呢？）

**2.** 是啊，植物是"静止"的，主要看它们的颜色、形态。动物是动态的，观察时就要注意它们的动作。圈出写动物的片段里的动词。

> 小麻雀叽叽喳喳、**蹦蹦跳跳**的，叫人愉悦。老鹰在高空**盘旋**，展翅**滑翔**，突然**猛扑而下**，给人以雄健勇猛的感觉。蚂蚁搬家，井然有序，当两军对垒时，那勇敢忠贞的精神，真叫人敬佩。

**3.** "蹦蹦跳跳""盘旋""滑翔""猛扑而下"，你能描述一下这些场景吗？

**4.** 你所描述的是否符合实际呢？下面，请大家看看相应的视频，看后说说自己的感受。

**5.** 现在我们明白了，看"静态"的植物，要着重看颜色，看姿态。而看动态的动物，要着重听声音，看动作，想感受。带着这样的发现来读一读这段话。

**6.** 你们发现了吗？作者在这段话里也还是喜欢用四字词语。四字词语读起来有节奏感。我们再来读一下这段话。

### 🍀 第四步：探究作者看懂大自然这本书的方法

**1.** 读懂大自然这本书还真是不容易。我们再来读第 5 自然段，除了看颜色、看形状，除了听声音、看动作、想感受，作者看大自然这本书还用了什么方法？

> 我最喜爱的，是我家屋后的两丛竹子和一株棕榈。竹子长得快，雨后春笋，一天长几寸，没几天就长得和我一样高了。微风吹来，沙沙的竹叶声，如同温柔的细语。池塘边的棕榈树高大挺拔，大蒲扇似的叶子在风中摇摆，一副超凡脱俗的样子。在秋高气爽的日子里，它倒映在池塘的水中，小鱼在倒影间游玩，又是另一种境界。

——连续观察。（从"一天""没几天"这些词语，我们知道作者观察竹子观察了好几天）

——展开想象。（从"如同温柔的细语""小鱼在倒影间游玩"这些语句，我们知道观察时还可以展开想象，把事物当作人来写）

**2.** 是啊，要读懂大自然这本书，还可以展开想象。例如，听到沙沙的竹叶声，作者就想这是竹子"温柔的细语"。什么是"温柔的细语"？你觉得竹子可能在说什么呢？

——"温柔的细语"，就是很温和地、轻声地说话。

——竹子可能在说："嘿，小笋芽儿，快快长高吧，长高了就可以和春风春雨一起舞蹈了。"（学生自由展开想象说）

**3.** 再如，看到池塘边的棕榈树高大挺拔，大蒲扇似的叶子在风中摇摆，作者就想象出它一副超凡脱俗的样子。什么是"超凡脱俗"？棕榈树永远是这副样子吗？想象一下：什么时候它会表现得很亲切？

——在炎炎夏日里，它张开叶子开心地摇摆着，为人们遮阴扇凉的时候表现得很亲切。

——在和小朋友玩捉迷藏的时候表现得很亲切。

…………

**4.** 这样读大自然这本书多好玩啊。我们来朗读这段话。

### ❀ 第五步：总结全文，布置作业

**1.** 好，我们来总结一下。大自然里有植物，有动物，要读懂大自然，有哪些方法呢？

——可以看颜色，看形状，听声音，看动作，想感受。

——还可以连续观察，展开想象。

**2.** 读懂大自然后，还要能用优美的语句把自己读到的写出来。今天的家庭作业是抄写这篇课文中你觉得优美的语句。

# 父亲、树林和鸟

## [教学目标]

1. 读好本课难读的句子，运用多种方法在语境中识记本课的生字词，感受"幽深的雾蒙蒙的树林"等词语表达的丰富性。

2. 关注文中父亲说的话，感受父亲的厉害。

3. 体会父亲对树林和鸟的喜爱之情，感悟父亲与自然的关系。

## [教学过程]

### 第一步：学习词句

**1.** 这篇课文中很多词语、句子蛮难读的。在读整篇课文之前我们先来读读这些词语和句子。

| yōu<br>幽深　雾蒙蒙 | 父亲突然站定，朝幽深的雾蒙蒙的树林，上上下下地望了又望，用鼻子闻了又闻。 |
|---|---|
| níng　　　wù<br>凝神静气　兀立 | 我茫茫然地望着/凝神静气的/像树一般兀立的父亲。 |

我只闻到/浓浓的苦苦的草木气息，没有闻到/什么鸟的气味。

（指导学生朗读时强调：读句子时，"的""地"要读得轻快、短促一

点儿；读长句子时，要注意停顿）

**2.** 这篇课文中哪些词语你觉得难以理解？

**3.** 老师统计了一下，"幽深""凝神静气""兀立"这三个词语不理解的人最多。请大家在小组内讨论，想办法理解这些词语。（引导学生通过查字典、组词、找近义词、联系上下文等方法理解词义）

🌸 **第二步：发现父亲的厉害**

**1.** 再默读课文，说一说你读了课文之后的感受。（多请几个学生说，相信很多人会提到"父亲很厉害"）

**2.** 刚才好多同学都提到"父亲很厉害"，是的，课文里的父亲每说一句话，他的儿子都觉得他很厉害，我们也觉得他很厉害。再默读课文，填写下表。

| 父亲说的话 | 厉害星级 | 说说理由 |
|---|---|---|
| 看那里，没有风，叶子为什么在动 | ☆☆☆☆☆ | |
| 还有鸟味 | ☆☆☆☆☆ | |
| 鸟要准备歌唱了 | ☆☆☆☆☆ | |

（1）有人从"看那里，没有风，叶子为什么在动"这句话读出父亲的厉害，你觉得父亲什么地方厉害？（在这样的树林里，你能看到那几片在动的叶子吗？）

| 看那里，没有风，叶子为什么在动 | ★★★★★ |
|---|---|

（2）有人从"还有鸟味"这句话读出父亲的厉害。父亲厉害在哪里？（课文里的"我"只闻到了浓浓的苦苦的草木气息，没有闻到什么鸟的气味。父亲为什么能闻到鸟味？）

| 还有鸟味 | ★★★★★ |
|---|---|

（3）有人从"鸟要准备歌唱了"这句话读出父亲的厉害。父亲厉害在哪里？（父亲怎么知道这个时候鸟会歌唱？）

| 鸟要准备歌唱了 | ★★★★★ |
|---|---|

**3.** 在情境中读好父亲说的话。

**4.** 再默读课文，你还从哪些地方看出父亲很厉害？
——父亲突然站定，朝幽深的雾蒙蒙的树林，上上下下地望了又望，用鼻子闻了又闻。（体会父亲观察的仔细、认真）
——我茫茫然地望着凝神静气的像树一般兀立的父亲。（感受父亲观察的专注）
............

◆◆◆ **第三步：感悟父亲与自然的关系**

**1.** 父亲对这片树林、这些鸟怎么会如此了解呢？
——因为他对树林和鸟进行了长时间的观察、了解……

**2.** 父亲对鸟仅仅是了解吗？
——不，他还把鸟当朋友、亲人……

🌸 **第四步：写字**

课文中有些字要求会写，容易写错。请在语境中写出下面这些字，写完后校对。

父亲突然站定，□幽深的 □□□ 的树林，上上下下地望了

又望，用 □ 子闻了又闻。

# 司马光

⌵

[教学目标]

1. 学习本课的字词，能有节奏地朗读小古文，写好"司""庭""登"等 7 个字。

2. 借助故事要素和注释了解课文大意，并能用自己的话说清楚。

3. 初步了解文言文语言凝练的表达特点，在想象画面、文本对比中感受司马光急中生智、沉着冷静的人物形象。

[教学过程]

❀ **第一步：注意停顿，通读文言文**

**1.** 这篇课文有点儿特别，这样的文章我们称之为——文言文。文言文要读好，有点儿难哦。

**2.** 请借助拼音，自由朗读课文。（重点关注"瓮""迸"的读音）

> 群儿戏于庭，一儿登瓮（wèng），足跌（diē）没水中。众皆弃去，光持石击瓮破之，水迸（bèng），儿得活。

**3.** 去掉拼音，你会读吗？

> 群儿戏于庭，一儿登瓮，足跌没水中。众皆弃去，光持石击瓮破之，水迸，儿得活。

**4.** 读文言文，停顿很重要，跟老师读。

> 群儿/戏于庭，一儿/登瓮，足跌/没/水中。众/皆弃去，光/持石/击瓮/破之，水迸，儿/得活。

❖ **第二步：圈出故事中的"人"**

**1.** 这篇课文有点儿特别，课题是《司马光》，课文中哪儿有司马光呢？

> 群儿戏于庭，一儿登瓮，足跌没水中。众皆弃去，**光**持石击瓮破之，水迸，儿得活。

——"光"就是司马光。

**2.** 故事中只有司马光一个人吗？请你回到文中找一找，圈画其他人物。（重点理解"众"，"群"和"众"意思相近，组合在一起变成"群众"一词）

> **群**儿戏于庭，**一儿**登瓮，足跌没水中。**众**皆弃去，**光**持石击瓮破之，水迸，**儿**得活。

**❀ 第三步：找出故事中的"缸"**

**1.** 这篇课文讲的是我们很熟悉的司马光砸缸的故事，课文中提到"缸"了吗？

——课文中的"瓮"就是"缸"。

**2.** 其实"瓮"和"缸"还是有一点儿区别的，我们借助插图和注释认识"瓮"。

**3.** 课文中有几处提到了"瓮"？找一找第二句话中哪个字也是指"瓮"。

> 群儿戏于庭，一儿登**瓮**，足跌没水中。众皆弃去，光持石击**瓮**破之，水迸，儿得活。

**❀ 第四步：体会故事中的"砸"**

**1.** 这篇课文中司马光砸缸，哪个字是"砸"的意思？（击）

**2.** "击"是个动词，课文中还有哪些动词？

> 群儿**戏**于庭，一儿**登**瓮，足**跌没**水中。众皆**弃去**，光**持**石**击**瓮**破**之，水**迸**，儿得活。

**❀ 第五步：探究故事中的"众"**

**1.** 你能用现在的话说说《司马光》的故事吗？

**2.** 我们来读一下现代文《司马光》，它与文言文《司马光》有哪些不同点？

---

### 司马光

古时候有个孩子，叫司马光。

有一回，他跟几个小朋友在花园里玩。花园里有假山，假山下面有一口大水缸，缸里装满了水。

有个小朋友爬到假山上去玩，一不小心，掉进了大水缸。

别的小朋友都慌了，有的吓哭了，有的叫着喊着，跑去找大人。

司马光没有慌，他举起一块石头，使劲砸那口缸，几下子就把缸砸破了。

缸里的水流出来了，掉进缸里的小朋友得救了。

——人教课标版《语文》（一年级下册）

---

**3.** 古人为什么会把文章写得这样简短呢？

**4.** 刚才大家说文言文的特点是简练，这个故事的主人公是司马光，那么就应该把写其他小朋友的句子都删去啊，这样就更简练了。

---

群儿戏于庭，一儿登瓮，足跌没水中。

光持石击瓮破之，水迸，儿得活。

---

—— 不能删去，因为不写其他小朋友，就衬托不出司马光的与众不同，就衬托不出司马光的临危不乱、急中生智……

…………

请大家试着不看书写出下面的字。

□马光

自评：正确星级☆☆☆☆☆

美观星级☆☆☆☆☆

群儿戏于□，一儿□瓮，

互评：正确星级☆☆☆☆☆

美观星级☆☆☆☆☆

足□没水中。□皆□去，

师评：正确星级☆☆☆☆☆

光□石击瓮破之，水迸，儿得活。

美观星级☆☆☆☆☆

## 附：板书设计

### 司马光

群儿 / 戏于庭，一儿 / 登瓮，足跌 / 没 / 水中。众 / 皆弃去，光 / 持石 / 击瓮 / 破之，水迸，儿 / 得活。

| | |
|---|---|
| 借助注释 | （机智的）司马光 |
| 联系上下文 | 勇敢 |
| 看插图 | 临危不乱 |
| 观察字形 | 冷静 |
| ………… | 急中生智 |

# 掌　声

[教学目标]

1.学习本课的生字词，读好多音字"落"，能有感情地朗读课文。

2.学习带着问题默读，说出英子前后的变化及变化的原因。

3.聚焦"掌声"，能从描写动作、神态的句子中体会到英子心情的变化，懂得掌声的意义。

4.能转化人称对故事进行复述。

[教学过程]

❀ 第一步：梳理字词

**1.** 预习课文后，你觉得哪些词语容易读错？

——姿势、镇定、忧郁、落下了残疾……

**2.** "落下了残疾"中的"落"容易读错，这是个多音字，我们要学会分辨。

> 落 ⎰ luò　落后　飘落（动词，落下来，往下降）
> 　　⎱ lào　落下残疾　落枕（用于一些口语词）
> 　　　 là　　丢三落四（遗漏，把东西放在一个地方忘记拿走）

**3.** 预习课文后，你觉得哪些字容易写错？

——腿、摇、默、忧、勇……

---

**1.** 这个单元，我们要学习"带着问题默读，理解课文的意思"。课文后面就有一个非常好的问题。

> 默读课文，想一想：英子前后有怎样的变化？为什么会有这样的变化？

**2.** 带着问题读，首先要读懂问题。我们听听一个小朋友是怎么理解这个问题的。有一个三年级的小朋友在学习这篇课文的时候，也关注到了课后的问题，她是怎么带着问题默读的呢？我们听听看。（可以运用微课，没条件的话，就由教师转述）

> 同学们好，当我看到这个问题的时候，我是这样想的。想要知道英子前后的变化，就得知道英子前面是怎么表现的，后面又是怎么表现的。这样，才能感受到她的变化。

**3.** 我们一步步来。先带着第一个小问题默读课文：英子前面是个怎样的孩子？从哪里可以看出来？像前面那个小朋友那样圈圈画画。（重点读第 1 自然段，给学生 5 分钟时间）

> 上小学的时候，我们班有位叫英子的同学。她很文静，总是默默地坐在教室的一角。上课前，她早早地就来到教室，下课后，她又总是最后一个离开。因为她小时候生过病，腿脚落下了残疾，不愿意让别人看见她走路的姿势。

（根据学生的发言板书）

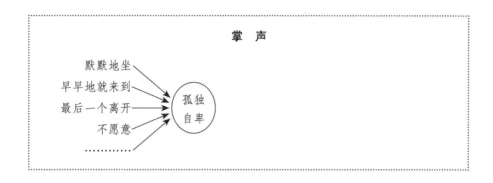

**4.** 我们一步步来。再带着第二个小问题默读课文：英子后面是个怎样的孩子？从哪里可以看出来？读后自己独立填写阅读单。（重点读第4、5自然段，给学生8分钟时间）

从那以后，英子就像变了一个人似的，不再像以前那么忧郁。她和同学们一起游戏说笑，甚至在一次联欢会上，还让同学们教她跳舞。

几年以后，我们上了不同的中学。英子给我来信说："我永远不会忘记那掌声，因为它使我明白，同学们并没有歧视我。大家的掌声给了我极大的鼓励，使我鼓起勇气微笑着面对生活。"

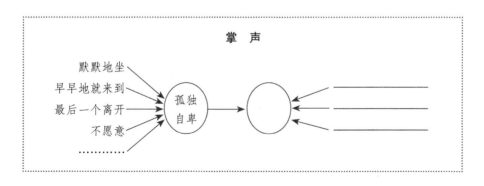

（根据学生的阅读单填写情况板书）

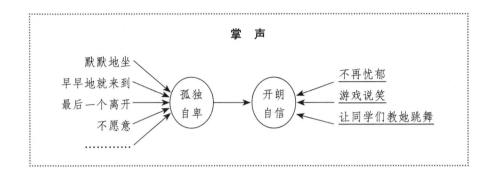

**5.** 我们一步步来。再来思考第三个小问题：英子为什么会有这样的变化？能说说你们的理解吗？

——因为同学们给了她掌声，这掌声实际上就是鼓励、称赞、理解。

⋯⋯⋯⋯

### 🎴 第三步：体会掌声对英子产生的影响

是啊，是"掌声"改变了英子。英子在听到掌声时，是怎么想的呢？这篇课文没有直接写英子的心理活动，但我们可以去找一找英子的动作、神态，通过英子的动作、神态体会英子的想法。（圈画，小组交流）

——眼圈红红的。（英子为什么会"眼圈红红的"？英子当时心里会怎么想呢？谁能把英子的无奈和委屈读出来？）

——深深地鞠了一躬。（"深深地鞠了一躬"，英子想表达什么？谁能读出她这份浓浓的感激之情？）

⋯⋯⋯⋯

### 🎴 第四步：以英子的身份讲这个故事

**1.** "掌声"影响、改变了英子，在课文最后，英子说了一段"感恩"的话，我们来读一读。

> 我永远不会忘记那掌声，因为它使我明白，同学们并没有歧视我。大家的掌声给了我极大的鼓励，使我鼓起勇气微笑着面对生活。

**2.** 若干年后，如果让英子来讲述这个故事，她会怎么讲呢？注意，如果是英子讲，就是用第一人称来讲，（教师示范讲一段）讲的时候可以把英子的想法讲出来。（这是比较难的，要不要在班里安排这个内容，给学生多长时间准备、练习，要考虑清楚。可以让学生回家练习，第二天再在课堂上练习、讲评。）

# 灰 雀

[教学目标]

1.学习本课的生字词，会写"郊""粉"等生字。

2.能找出描写灰雀的句子，体会列宁和男孩对灰雀的喜爱。

3.能带着问题，边默读边揣摩列宁和男孩对灰雀不同的爱。并抓住人物的言行体会列宁对男孩的尊重与呵护，以及男孩的诚实与天真。

4.分角色朗读课文，读好对话。

[教学过程]

### 第一步：初读课文，了解灰雀

**1.** 课文题目是《灰雀》，文中哪些句子是写灰雀的？

> 公园里有一棵高大的白桦树，树上有三只灰**雀**：两只**胸脯**是粉红的，一只胸脯是深红的。它们在树枝间来回跳动，**婉转**地歌唱，非常惹人喜爱。

（1）你们看"雀"字的甲骨文，（出示图片）上面是一个变形的"小"，下面是一个"隹"，"隹"就是短尾巴的鸟。在看灰雀图片之前，请想象一下灰雀的外形。（灰色羽毛的、小巧的、短尾巴的鸟）

（2）"胸脯"这两个字有什么共同点？

——都是月字旁。（在古代，"月"大多数是"肉"的变形，与身

体器官有关的字很多都是月字旁，例如脸、脖、背、胳、膊、腰、腿、脚等）

（3）联系上下文，你觉得这里的"婉转"应该选择哪一个义项？

①说话含蓄、曲折而温和。（　　　　）

②声音委婉而动听。（　　　　）

**2.** 你喜欢这样的灰雀吗？

——喜欢，因为它们的颜色很漂亮。

——喜欢，因为它们的声音很动听。

**3.** 这么可爱的灰雀，我们通过朗读体现出来。

❋ 第二步：聚焦"惹人喜爱"，带着问题默读、学习

**1.** 你们读得真好，怪不得作者说它们"非常惹人喜爱"。在这个故事里，灰雀惹谁喜爱了？

——列宁。

——男孩。

**2.** 但是列宁和男孩对灰雀的喜爱是不同的，你们发现了吗？（是的）列宁和男孩对灰雀的喜爱有什么不同呢？这个单元，我们要学习带着问题读课文，因为一个好的问题能帮助我们读懂课文。下面，请大家带着这个问题读课文。

——列宁喜爱灰雀，但他不会去抓灰雀，不会把灰雀占为己有，而是经常给灰雀带来食物。（"列宁每次走到白桦树下，都要停下来，仰望这三只欢快的灰雀，还经常给它们带来面包渣和谷粒。"）

——男孩喜爱灰雀，而且想把灰雀抓到家里，占为己有。

**3.** 你们说男孩对麻雀的喜爱是比较自私的，他想将灰雀占为己有，你们有什么依据呢？下面，请你们带着这个问题默读课文，找到依据可以画线。

> 这时，列宁看见一个小男孩，就问："孩子，你看见过一只深红色胸脯的灰雀吗？"
>
> 男孩说："没……我没看见。"（如果不亏心，就没必要吞吞吐吐）
>
> 列宁说："一定是飞走了或者是冻死了。天气严寒，它怕冷。"
>
> 那个男孩本来想告诉列宁灰雀没有死，但又不敢讲。
>
> 列宁自言自语地说："多好的灰雀呀，可惜再也飞不回来了。"
>
> 男孩看看列宁，说："会飞回来的，一定会飞回来的。它还活着。"
>
> （因为是他抓了灰雀，所以才会如此肯定）
>
> 列宁问："会飞回来？"
>
> "一定会飞回来！"男孩肯定地说。（因为是他抓了灰雀，所以才会如此肯定）
>
> 第二天，列宁来到白桦树下，果然又看到那只灰雀欢蹦乱跳地在枝头歌唱。那个男孩站在白桦树旁，低着头。（按理说他应该高兴，但因为是他抓的，所以他更多的是羞愧）

**4.** 我们把体会到的通过朗读体现出来。老师来读列宁的话，你们读男孩的话。（分角色朗读）

> 这时，列宁看见一个小男孩，就问："**孩子，你看见过一只深红色胸脯的灰雀吗？**"
>
> 男孩说："**没……我没看见。**"

列宁说："一定是飞走了或者是冻死了。天气严寒，它怕冷。"

…………

列宁自言自语地说："多好的灰雀呀，可惜再也飞不回来了。"

男孩看看列宁，说："会飞回来的，一定会飞回来的。它还活着。"

列宁问："会飞回来？"

"一定会飞回来！"男孩肯定地说。

### 第三步：讨论列宁为什么不说出真相

**1.** 我们从男孩的言行举止中推测出是他抓去了灰雀。你们觉得列宁知道"男孩抓去灰雀"这件事吗？

——我觉得列宁知道，列宁和我们一样从男孩的言行举止中推测出是他抓去了灰雀。

**2.** 老师也觉得列宁知道真相了，所以老师的脑海里有疑问，你们有疑问吗？

——有。列宁为什么不追问男孩灰雀去哪儿了呢？

——有。列宁为什么不批评男孩呢？

**3.** 是的，列宁为什么不批评男孩呢？一个好的问题能够帮助我们读懂课文。下面，就请大家带着这个问题读课文。

**4.** 你们知道原因了吗？（先小组讨论）谁来说说你的想法？

——因为男孩已经认识到自己的错误，并且改正了。

——因为列宁不想伤害男孩的自尊心。

——男孩其实也是很爱灰雀的，只是喜欢的方式不对。

——而且男孩身上还有很好的品质——诚实。

**5.** 是啊，列宁之所以这么做，是因为他有自己的想法。下面，我们就写写他的心理活动。

> 列宁看看男孩，又看看灰雀，心里想：＿＿＿＿＿＿＿＿＿
>
> ＿＿＿＿＿＿＿＿＿＿＿＿＿＿＿＿＿＿＿＿＿＿＿＿＿
>
> ＿＿＿＿＿＿＿＿＿＿＿＿＿＿＿＿＿＿＿＿＿＿＿＿＿
>
> 列宁决定不追问男孩了，他微笑着说："你好！灰雀，昨天你到哪儿去了？"

**6.** 总结：现在你们都感受到了列宁爱灰雀，也爱男孩，列宁对男孩的爱包含着理解和爱护。你们知道吗？列宁是苏联的缔造者和领导人，他爱灰雀，爱男孩，也爱生活在那片土地上的百姓，他一直努力带领劳动人民过上幸福、自由、有尊严的生活。

### ❖ 第四步：巩固生字，指导书写

**1.** 我们再来读一读这篇课文中容易读错的词语。

> 郊外　胸脯　惹人喜爱　仰望　诚实

**2.** 本课要求会写的字中，哪些字书写时要特别注意？
——或、冻、冷：不要多一笔或者少一笔。
——郊、粉、谷：注意间架结构和笔画穿插。

# 手术台就是阵地

[教学目标]

1. 学习本课的生字词，读准多音字"斗""大"。

2. 能带着问题默读课文，联系事情发生的背景，说对"手术台就是阵地"的理解。

3. 能一边默读一边根据提出的问题进行探究，了解白求恩大夫临危不惧、坚守阵地的事迹，感受白求恩大夫镇定、负责、忘我的美好品质。

[教学过程]

### 第一步：介绍背景

今天我们要认识一位逆行者，他是一名加拿大的医生，他在 1938 年的春天来到我们中国，你知道那时的中国在经历什么吗？

### 第二步：带着针对课文题目提出的问题初读课文

**1.** 很多同学预习时看到题目就提出了问题。

——什么是手术台？

——什么是阵地？

——手术台为什么是阵地呢？

…………

**2.** 请你带着问题，自由读课文。

**3.** 谁来回答这些问题？（"阵地"在《现代汉语词典》中有两种意思，课文题目《手术台就是阵地》中的"阵地"是指哪种？）

①作战时占据的地方，通常修有工事。（　　　）

②比喻在不利条件下必须坚守的地方。（　　　）

**4.** 带着问题读课文可以帮助我们更好地理解课文。老师也想做一个善于提问的人，在反复读课文的过程中，我就给自己提了两个有利于理解这篇课文的问题。所以请大家再来读一遍课文，看你能不能提出更好的问题！如果你的问题正好和我的一样，那就太棒了！

### ❀ 第三步：探究第一个问题

**1.** 老师的第一个问题是：部长为什么劝白求恩离开这座小庙，离开"手术台"？

——因为这个地方很危险。

**2.** 你是从哪些地方看出白求恩工作的地方很危险的？从文中寻找信息。

——突然，几发炮弹落在小庙前的空地上。硝烟滚滚，弹片纷飞，小庙被烟雾淹没了。

——敌机不断地在上空吼叫。炮弹不断地在周围爆炸。

——一连几发炮弹落在小庙的周围。庙的一角落下了许多瓦片。挂在门口的布帘烧着了，火苗向手术台扑过来。

**3.** 追问：虽然这个地方危险，但如果白求恩大夫离开了，伤员就得不到救治了，为什么部长要劝白求恩离开？

——因为他是医生，如果他牺牲了，那么伤员也就没办法得到医治了。

——白求恩是远道而来帮助我们的，保护好他很重要。

**4.** 读部长的话。（读出恳切的语气，如果学生读不好，教师要范读）

> 师卫生部长匆匆赶来，对白求恩说："师长决定让您和一部分伤员离开这里。"
>
> 部长恳求说："白求恩同志，这儿危险，让您离开这里，是战斗形势的需要哇！"

### ◆ 第四步：探究第二个问题

**1.** 老师想问的第二个问题是：白求恩为什么不离开？

**2.** 谁来说说看白求恩为什么不离开？

——他要和战士们一起坚守阵地。

——他觉得自己不仅是一名医生，还是一名战士。

**3.** 你们的回答让人一听就知道你们读懂了白求恩对卫生部长说的话。我们分角色读好这段对话。

> 师卫生部长匆匆赶来，对白求恩说："师长决定让您和一部分伤员离开这里。"

白求恩沉思了一会儿，说："我同意撤走部分伤员。至于我个人，要和战士们在一起，不能离开。"

部长恳求说："白求恩同志，这儿危险，让您离开这里，是战斗形势的需要哇！"

白求恩说："谢谢师长的关心。可是，手术台是医生的阵地。战士们没有离开他们的阵地，我怎么能离开自己的阵地呢？部长同志，请您转告师长，我是一名八路军战士，不是你们的客人。"

**4.** 通过读这段对话，我们能感受到白求恩大夫是一个怎样的人呢？

——不轻言放弃。

——对工作极端负责。

——毫不利己，专门利人。

…………

### 🎴 第五步：感悟白求恩的品质

**1.** 一个人的美好品质（指着板书或PPT）不仅可以从他说的话中听出来，还能从他做事情的样子上表现出来。你读到了这样的语句吗？（让学生圈画相关句子再交流）

敌人不断反扑，战斗非常激烈。我军的伤员陆续从火线上抬下来。在离火线不远的一座小庙里，白求恩大夫正在给伤员做手术。他已经两天两夜没休息了，眼球上布满了血丝。**突然，几发炮弹落在小庙前的空地上。硝烟滚滚，弹片纷飞，小庙被烟雾淹没了。**白求恩仍然镇定地站在手术台旁。他接过助手递过来的镊子，敏捷地从伤员的腹腔里取出一块弹片，丢在盘子里。

　　敌机不断地在上空吼叫。炮弹不断地在周围爆炸。师卫生部长匆匆赶来，对白求恩说："师长决定让您和一部分伤员离开这里。"白求恩沉思了一会儿，说："我同意撤走部分伤员。至于我个人，要和战士们在一起，不能离开。"部长恳求说："白求恩同志，这儿危险，让您离开这里，是战斗形势的需要哇！"白求恩说："谢谢师长的关心。可是，手术台是医生的阵地。战士们没有离开他们的阵地，我怎么能离开自己的阵地呢？部长同志，请您转告师长，我是一名八路军战士，不是你们的客人。"白求恩低下头，继续给伤员做手术。

　　一连几发炮弹落在小庙的周围。庙的一角落下了许多瓦片。挂在门口的布帘烧着了，火苗向手术台扑过来。助手们赶忙把火扑灭。担架队抬起做过手术的伤员，迅速向后方转移。白求恩仍然争分夺秒地给伤员做手术，做了一个又一个。

　　齐会战斗进行了三天三夜，胜利结束了。白求恩大夫在手术台旁，连续工作了六十九个小时。

**2.** 哪里让你印象最深刻呢？

　　——白求恩仍然镇定地站在手术台旁。他接过助手递过来的镊子，敏捷地从伤员的腹腔里取出一块弹片，丢在盘子里。

　　——白求恩低下头，继续给伤员做手术。

　　——白求恩仍然争分夺秒地给伤员做手术，做了一个又一个。

　　——齐会战斗进行了三天三夜，胜利结束了。白求恩大夫在手术台旁，连续工作了六十九个小时。

**3.** 追问：孩子们，一个普通的医生可不可以在这样的手术台前做到镇定、敏捷？白求恩了不起在哪里？

**4.** 是啊，像你们所说的，白求恩是在炮火中，是在非常不安全的环境下进行手术的。大家看，外部的危险和他内心的镇定形成了强烈的对比。我们一起尝试一下，把这种强烈的反差读出来。（男生读"环境部分"，女生读"白求恩的表现"部分）

> 突然，几发炮弹落在小庙前的空地上。硝烟滚滚，弹片纷飞，小庙被烟雾淹没了。**（但是，）** 白求恩仍然镇定地站在手术台旁。他接过助手递过来的镊子，敏捷地从伤员的腹腔里取出一块弹片，丢在盘子里。
>
> 敌机不断地在上空吼叫。炮弹不断地在周围爆炸。**（但是，）** 白求恩低下头，继续给伤员做手术。
>
> 一连几发炮弹落在小庙的周围。庙的一角落下了许多瓦片。挂在门口的布帘烧着了，火苗向手术台扑过来。**（但是，）** 白求恩仍然争分夺秒地给伤员做手术，做了一个又一个。

**5.** 老师提了两个问题，这两个问题帮助我们更好地理解了为什么"手术台就是阵地"。你们还有什么问题要问吗？

**6.** 白求恩大夫不顾个人的安危，将我们的战士一个一个地治愈，我们的战士打了一场又一场胜仗。然而，遗憾的是，1939年11月12日清晨，白求恩因伤口感染，牺牲在抗日前线。

好，同学们，今天我们的课就上到这里，最后给大家看一篇白求恩同志的日记，也许那里有更多答案等着你去发现。（出示《白求恩日记》一文，出自《青少年日记》2019年第6期）

附：**板书设计**

**手术台就是阵地**

硝烟滚滚　　　镇定敏捷　　　镇定
弹片纷飞

敌机吼叫　　　继续手术　　　负责
周围爆炸

布帘烧着　　　争分夺秒　　　忘我
火苗扑来

三年级

下 册

| 梳理 | 理解 | 观察 | 想象 |

# 燕 子

[教学目标]

1. 学习本课的生字词，读准多音字"晕""杆"，读好难读的长句子。
2. 用关键词梳理、概括主要内容，知道作者从哪几个方面来写燕子。
3. 研读燕子飞行的几个画面，感受燕子的伶俐可爱、春天的生机勃勃。积累课文中优美生动的词句。

[教学过程]

❖ 第一步：学习词语

**1.** 这篇课文里有些词语容易读错，下面这些词语谁会读？

> 微微 　稻田 　翼尖 　荡漾
>
> 沾 　小圆晕 　木杆 　几痕细线
>
> 横掠 　旷亮无比 　烂漫无比 　休憩 　纤细

**2.** 刚才读的词语里有两个多音字，我们再来辨析一下。

> 　　　　yūn　　　yūn　　　　　yùn　　yùn
> 晕：晕倒　晕头转向　月晕　晕车
>
> 　　　gān　　　gǎn　　　gǎn
> 杆：旗杆　一杆枪　枪杆

**1.** 这篇课文里有些句子比较长，我们来读一读。

> 一身乌黑的羽毛，一对轻快有力的翅膀，加上剪刀似的尾巴，凑成了那样可爱的活泼的小燕子。

（1）这个句子告诉我们是什么凑成了燕子？

——羽毛、翅膀、尾巴。

（2）比较阅读，你觉得哪句话可以给人带来美的感受？

> 羽毛、翅膀、尾巴，凑成了燕子。
>
> 一身乌黑的羽毛，一对轻快有力的翅膀，加上剪刀似的尾巴，凑成了那样可爱的活泼的小燕子。

（3）作家郑振铎写的时候，加了很多词语，这些加上去的词语有共同点，你发现了吗？

——都写出了燕子某个部位的特点。

——都很优美。（比如，将"一身乌黑的羽毛"写成"一身黑乎乎的羽毛"就不美了，尽管"黑乎乎"也是抓住燕子羽毛的特点来写的）

**2.** 下面，我们来读第二个长句子。

> 二三月的春日里，轻**风**微微地吹拂着，如毛的细**雨**由天上洒落着，千条万条的柔**柳**，红的白的黄的**花**，青的**草**，绿的**叶**，都像赶集似的聚拢来，形成了烂漫无比的春天。

（1）在这句话里，哪些景物形成了春天？

——风、雨、柳、花、草、叶。

（2）刚才说了，作家郑振铎善于描写事物，这句话分别从触觉、视觉来写事物。你能找出相关的语句吗？

——"微微地吹拂着""如毛的细雨"是从触觉的角度写的。

——"千条万条的柔柳，红的白的黄的花，青的草，绿的叶"写了柳条的姿态、数量，写了花草的颜色，是从视觉的角度写的。

（3）读一读这些句子，你感觉到这是一个怎样的春天？是从哪儿感觉到的？（指导学生读好句子）

——这是一个热闹的春天。是从"赶集似的聚拢来"感觉到的，赶集的人从四面八方过来，人很多，很热闹。（可以出示图片等帮助学生理解"赶集"）

——这是一个美丽的春天。"红的白的黄的花，青的草，绿的叶"，表明春天的色彩很美丽。

…………

（4）读着读着，你发现作者写的风的特点是什么？

——是很柔和、细小的风。（引出关于风的古诗："沾衣欲湿杏花雨，吹面不寒杨柳风。"）

（5）雨的特点是什么？

——是如毛的细雨。（引出关于雨的古诗："随风潜入夜，润物细无声。""天街小雨润如酥，草色遥看近却无。"）

（6）柳的特点是什么？

——很多，很软。（引出关于柳的古诗："碧玉妆成一树高，万条垂下绿丝绦。"）

（7）花、草、叶的特点是什么？

——颜色鲜艳。（引出关于花、草、叶的古诗："等闲识得东风面，万紫千红总是春。"）

**3.** 下面，我们来读第三个长句子。

> 那边还有飞倦了的几对，闲散地在纤细的电线上休憩——嫩蓝的春天，几支木杆，几痕细线连于杆与杆之间，线上停着几个小黑点，那便是燕子。

（1）这幅有趣的"图画"上有哪些景物？

——木杆、细线、燕子、嫩蓝的天空。

（2）你觉得在这幅"图画"上，最有趣的是什么？有趣在哪里？

——把燕子当作人来写，"飞倦""闲散""休憩"，表明这是几只自由、悠闲的小燕子。

——"几痕细线"是指电线，从"几痕"可见作者是从远处看的，所以燕子就成了几个小黑点，再加上嫩蓝的天空，就像一幅淡淡的水墨画，很有趣。

——我觉得"几痕细线连于杆与杆之间，线上停着几个小黑点"就像音乐里的五线谱。小燕子仿佛成了春天的音符，多有趣啊。

——我发现燕子和嫩蓝的春天、美丽的春景搭配在一起更美了。

## ❀ 第三步：梳理、概括主要内容

**1.** 前面都是零零散散地分析句子，把这些句子放在一起，可以发现它们都是围绕燕子来写的。它们写了燕子的哪些方面？你们看出来了吗？

**2.** 我们一个自然段一个自然段地默读，一个自然段一个自然段地想。每个自然段分别写了燕子的哪个方面？用一个恰当的词语来概括一下，写在这个自然段的后面。（教师巡视，让几个学生将自己的概括写到

黑板上）

---

外形

春天的景色　　燕子飞回　　习性

燕子飞行

横掠水面

休憩

---

**3.** 我们能不能对这些板书的内容进行梳理、整合呢？（依据学生的交流，修改板书）

——第 1 自然段是写燕子的外形。

——第 2 自然段又写春景，又写燕子飞回来，我觉得可以概括为春光中的燕子。

——我觉得第 3、4 自然段可以合并，都是写燕子飞行的姿态。

——我认为第 5 自然段可以概括为燕子停歇时的姿态。

**4.** 现在，谁能看着板书，用一句话将它们连起来，概括这篇课文写了什么？

---

燕子的外形

春光中的燕子

燕子飞行的姿态

燕子停歇时的姿态

---

——先写燕子的外形，然后写小燕子在春天从南方飞来了，再写它们在赶来的路上飞行的样子和它们飞倦了休息时的姿态。

**5.** 如果老师就写这样一句话作为一篇文章给你看，你喜欢看吗？

——不喜欢，因为太简单了，不生动。

**6.** 这篇课文把燕子的外形、春天的景色、燕子飞行及停歇时的姿态写得具体、生动、形象，很有趣。下面，自己轻声地读一读，感受一下。（学生自由朗读课文）

### ❖ 第四步：体会燕子飞行的美

**1.** 在这几个方面，作者写得最详细的是什么？

——燕子飞行的姿态。

**2.** 读读课文第3、4自然段，画出写燕子飞行姿态、动作的词语，想想燕子飞行有哪些特点。

小燕子带了它的剪刀似的尾巴，在阳光满地时，**斜飞**于旷亮无比的天空，叽的一声，已由这里的稻田上，飞到那边的高柳下了。

另有几只却在波光粼粼的湖面上**横掠**着，小燕子的翼尖或剪尾，偶尔沾了一下水面，那小圆晕便一圈一圈地荡漾开去。

小燕子带了它的剪刀似的尾巴，在阳光满地时，**飞**于旷亮无比的天空，叽的一声，已由这里的稻田上，飞到那边的高柳下了。

另有几只却在波光粼粼的湖面上**飞**着，小燕子的翼尖或剪尾，偶尔沾了一下水面，那小圆晕便一圈一圈地荡漾开去。

（1）对比阅读，你发现了什么？

——"斜飞"和"横掠"写出了燕子飞行的不同姿态。

（2）查字典，理解"掠"（轻轻擦过或拂过）。现在，你又有什么发现？

——"斜飞"和"横掠"不仅写出了燕子飞行的不同姿态，还写出了燕子飞行的轻快。

（3）除了这两个动词写出了燕子飞行轻快的特点，还有哪些词句让你有这样的感觉？

——我从"叽的一声，已由这里的稻田上，飞到那边的高柳下了"发现燕子飞得快。

——我从"沾了一下"读出了燕子飞得很轻的特点。

——我还从"小圆晕"感觉到燕子只是轻轻沾了一下水面，特别轻巧。

（4）多美的画面，把你感觉到的带进句子，读一读。

**3.** 你们猜，燕子飞行时为什么总是用翼尖或者剪尾，偶尔沾一下水面？

——是为了戏水。

——燕子喜欢吃浮在水面上的飞虫，燕子沾水是为了保持平衡，并起到缓冲的作用，不至于由于速度过快、冲力过大，而使整个身子冲到水里去。

**4.** 总结：是的，春天的景色加上可爱的燕子，让春光平添了很多生趣。让我们一起来读读这两个自然段。

## ❀ 第五步：指导书写

这些词语中哪些字写的时候要特别注意？

乌黑　　聚拢　　飞倦了　　几痕细线

闲散　　赶集　　活泼　　纤细

——"聚"字上边部分的穿插要注意。

——"倦"字右边部分的写法要注意。

——"痕"字里面的"艮"要写好，最后一笔捺要舒展。

# 荷　花

## [教学目标]

1. 读准多音字"挨"，读好"莲蓬""衣裳""花瓣儿""花骨朵儿"等词语中的轻声和儿化音。

2. 通过借助图片、对比阅读、联系片段、想象画面等方法品读句段，感受荷花的美，练习运用"有的……有的……有的……"的句式仿写片段。

3. 体会作者丰富的想象，学习边阅读边想象画面的读书方法。

## [教学过程]

### ❖ 第一步：学习字词

读准字音，注意"挨"的读音，注意一些词语中的轻声和儿化音。

> 莲蓬　　饱胀　　翩翩起舞
>
> 挨挨挤挤　　露出
>
> 雪白的衣裳　　两三片花瓣儿　　花骨朵儿

### ❖ 第二步：找直接写荷花的句子

**1.** 课文题目是《荷花》，整篇课文就应该围绕荷花来写。读课文，找找哪些句子在写荷花。

清早，我到公园去玩，一进门就闻到一阵清香。我赶紧往荷花池边跑去。

荷花已经开了不少了。**荷叶挨挨挤挤的，像一个个碧绿的大圆盘。**白荷花在这些大圆盘之间冒出来。有的才展开两三片花瓣儿。有的花瓣儿全展开了，露出嫩黄色的小莲蓬。有的还是花骨朵儿，看起来饱胀得马上要破裂似的。

这么多的白荷花，一朵有一朵的姿势。看看这一朵，很美；看看那一朵，也很美。如果把眼前的一池荷花看作一大幅活的画，那画家的本领可真了不起。

我忽然觉得自己仿佛就是一朵荷花，穿着雪白的衣裳，站在阳光里。一阵微风吹过来，我就翩翩起舞，雪白的衣裳随风飘动。不光是我一朵，一池的荷花都在舞蹈。风过了，我停止了舞蹈，静静地站在那儿。蜻蜓飞过来，告诉我清早飞行的快乐。小鱼在脚下游过，告诉我昨夜做的好梦……

过了好一会儿，我才记起我不是荷花，我是在看荷花呢。

**2.** 小结：你看看，整篇课文从头到尾都在写荷花。

## 🏵 第三步：感受荷花的姿态美、色彩美

**1.** 老师收集了一些图片，是不同样子的荷花，我指着图片，请你读出和图片吻合的句子。

——（指着"花瓣儿"的图片）有的才展开两三片花瓣儿。

——（指着"莲蓬"的图片）有的花瓣儿全展开了，露出嫩黄色的小莲蓬。

——（指着"花骨朵儿"的图片）有的还是花骨朵儿，看起来饱胀

得马上要破裂似的。

**2.** 我们连起来读一读，一定要把荷花不同的样子读清楚。

> 白荷花在这些大圆盘之间冒出来。①有的才展开两三片花瓣儿。②有的花瓣儿全展开了，露出嫩黄色的小莲蓬。③有的还是花骨朵儿，看起来饱胀得马上要破裂似的。

**3.** 小结：你瞧，作者用上"有的……有的……有的……"写荷花的颜色、样子和不同姿势，就把一池荷花写活了。

**4.** 作者主要写荷花，那他为什么还要写荷叶呢？

——红花还需绿叶扶，有了绿叶的衬托，花就更美了。（出示图片帮助学生理解）

> 荷叶挨挨挤挤的，像一个个碧绿的大圆盘。**白荷花在这些大圆盘之间冒出来。有的才展开两三片花瓣儿。有的花瓣儿全展开了，露出嫩黄色的小莲蓬。有的还是花骨朵儿，看起来饱胀得马上要破裂似的。**

**5.** 是啊，红绿搭配可以让画面变得更美。很多诗句都是这样的。

| 千里莺啼绿映红，水村山郭酒旗风。 | ——这里绿的是树，红的是花。 |
| --- | --- |
| 流光容易把人抛，红了樱桃，绿了芭蕉。 | ——这里绿的是芭蕉，红的是樱桃。 |
| 日出江花红胜火，春来江水绿如蓝。 | ——这里绿的是江水，红的是花。 |
| 荷叶罗裙一色裁，芙蓉向脸两边开。 | ——这里绿的也是荷叶，红的也是荷花。 |
| 接天莲叶无穷碧，映日荷花别样红。 | ——这里绿的也是荷叶，红的也是荷花。 |

**6.** 读了这些诗句，我们会发现"红绿搭配"有一个特点——"红"少"绿"多，你看"接天莲叶无穷碧，映日荷花别样红"，一大片绿色，中间点缀着一些红色。《荷花》这篇课文也一样，绿色面积大，荷叶特别多，你从哪里可以看出来？

——我从"挨挨挤挤"这个词语可以看出来。（讲解"挨挨挤挤"的意思）

**7.** 我们再来看一些"接天莲叶无穷碧，映日荷花别样红"的图片，（出示相应的风景图片）想象画面朗读。

### ❀ 第四步：迁移仿写白荷花的不同姿势

**1.** 课文第 3 自然段还是在写荷花，在写已经充分开放的荷花。我们来读一读。

> 这么多的白荷花，一朵有一朵的姿势。看看这一朵，很美；看看那一朵，也很美。

**2.** 荷花的姿势很多，我们来看图片。（出示各种姿势的荷花图片）

**3.** 你能像第 2 自然段那样，用"有的……有的……有的……"写出白荷花的各种姿势吗？

### ❀ 第五步：比较阅读，品味想象之趣

**1.** 我们再来读第 4 自然段，这里写了荷花吗？

我忽然觉得自己仿佛就是一朵荷花，穿着雪白的衣裳，站在阳光里。一阵微风吹过来，我就翩翩起舞，雪白的衣裳随风飘动。不光是我一朵，一池的荷花都在舞蹈。风过了，我停止了舞蹈，静静地站在那儿。蜻蜓飞过来，告诉我清早飞行的快乐。小鱼在脚下游过，告诉我昨夜做的好梦……

**2.** 其实这段话描写的画面是这样的。

一阵微风吹来，雪白的荷花花瓣轻轻颤动，放眼望去，一池的荷花都颤动起来。风停了，湖面又安静下来，蜻蜓飞过来，轻巧地停在花瓣上休息一会儿，小鱼在荷叶下、在荷梗间穿梭。

**3.** 你喜欢哪一种写法？（第一种）第一种写法里哪一句话特别吸引你？（学生自由交流，教师随机指导学生朗读）

——我喜欢第一句，作者应该是看荷花看入迷了，把自己想象成荷花，这样写很有趣。

——我喜欢第二句，感觉作者和荷花融为一体，很美，很有画面感。

——我喜欢后面两句，作者想象荷花与蜻蜓、小鱼对话，特别有趣。

**4.** 小结：这些想象的画面，让我们感受到荷花和作者已经融为一体，作者非常喜欢这一池的荷花，已经看入迷了。

❀ **第六步：指导书写，布置作业**

**1.** 我们来看这一课要求会写的字，大家说说看书写时要注意什么。

——上下结构：蓬、裂、姿、势。

——左窄右宽：胀、仿、佛、蹈。

——易错字：瓣、随。

**2.** 作业：仿照课文第 2 自然段写一种你喜欢的植物。

# 昆虫备忘录

[教学目标]

1. 随文识字，理解"备忘录""款款""膜翅"等词语的意思，读准多音字"蚂"，有感情地朗读自己感兴趣的语句。

2. 借助表格梳理课文内容，了解昆虫的特点。

3. 通过借助图片、比较阅读、想象画面等方法感受作者丰富、有趣的语言。

4. 尝试介绍自己喜欢的昆虫，用自己喜欢的方式制作昆虫备忘录。

[教学过程]

### ❊ 第一步：了解备忘录，介绍汪曾祺

**1.** 什么是备忘录？你在生活中看到过吗？（出示手机备忘录、备忘记事本）

**2.** 备忘录：能够帮助记忆、简单说明主题与相关事件的图片、文字或语音资料。

**3.** 有一位非常著名的作家，他非常热爱生活，经常去观察昆虫，写成了《昆虫备忘录》。今天这节课，我们就走进汪曾祺的《昆虫备忘录》。

汪曾祺是一个十分善于观察、想象力丰富的小说家、散文家、戏剧家，还是很有生活情趣的"美食家"；同时，他在书法、绘画等方面也有杰出的成就。

### ❀ 第二步：梳理课文内容，了解昆虫的特点

**1.** 一个小朋友用表格的方式做了一份"昆虫备忘录"，这份备忘录是从哪些方面观察、分析昆虫的呢？

| 昆虫名称 | 昆虫别名 | 昆虫特征 |
|---|---|---|
| 蟋蟀 | 蛐蛐 蝈蝈 | 蟋蟀一般是栖息在草丛下洞穴中的地下工作者。雄蟋蟀前翅有发音器。前足胫节有听器。有些种类的蟋蟀大颚发达、好斗，所以中国自古就有斗蟋蟀的游戏。 |
| 椿象 | 臭大姐 放屁虫 臭姑娘 | 椿象体后有一个臭腺开口，遇到敌人时就放出臭气。 |
| 胡蜂 | 马蜂 | 胡蜂是膜翅目细腰亚目胡蜂总科的昆虫。这类昆虫可是天生的"暴脾气"，外加不好惹，如若遇见，一定要敬而远之。 |
| 斑衣蜡蝉 | 花蹦蹦 | 斑衣蜡蝉叫蝉，却没有蝉的外形，也不会叫；它像蛾，却没有蛾的习性，不会"掉毛"。每当你伸手去抓它时，它会突然亮出鲜艳的后翅；若你还去招惹它，它就会蹦跳着逃之夭夭。 |

**2.** 读汪曾祺写的四个片段，边读边想：汪曾祺的《昆虫备忘录》，一般记录了昆虫的哪些方面？

——昆虫的别号。

——昆虫的样子。

——昆虫的特点。

**3.** 读课文，看着表格，想一想：蜻蜓、瓢虫、双叉犀金龟（独角仙）、蚂蚱的别号、样子、特点是什么？在课文中圈画。

| 项目<br>昆虫 | 别号 | 样子 | 特点 |
|---|---|---|---|
| 蜻蜓 | | | |
| 瓢虫 | | | |
| 双叉犀金龟 | | | |
| 蚂蚱 | | | |

**4.** 读课文，看着表格，小组里相互说说蜻蜓、瓢虫、双叉犀金龟、蚂蚱的别号、样子、特点。

**5.** 请同学们看着表格介绍其中一种昆虫。

| 项目<br>昆虫 | 别号 | 样子 | 特点 |
|---|---|---|---|
| 蜻蜓 | | 眼睛是复眼 | 视觉很灵敏 |
| 瓢虫 | 花大姐 | 长有膜翅，硬翅上有小圆点 | 有的吃蚜虫，有的吃马铃薯嫩叶 |
| 双叉犀金龟 | 独角仙 | 从头到脚，约有两寸；甲壳多为深色，头部尖端有一只犀牛一样的角 | 在甲虫里可能最大，力气很大 |
| 蚂蚱 | 挂大扁儿 | 膜翅是淡淡的桃红色的 | 飞起来会咯咯作响 |

🌸 **第三步：感受课文生动的语言**

**1.** 下面这段话也是介绍瓢虫的，这段话介绍了瓢虫的哪些方面？（别号、样子、特点）

瓢虫，圆形突起的甲虫的通称。别称为胖小、红娘、花大姐、金龟……

瓢虫的成虫体长 1.0～16.0mm，体型呈短卵形至圆形，身体背面强烈拱起，腹面通常扁平。从背面看，前胸背板和鞘翅基部常紧密相连，通常宽度相近。头常嵌入前胸中，有时完全被前胸背板盖住。前胸背板和鞘翅背面光滑，或常有或稀或密的细小短毛。

瓢虫并不都是益虫，也有害虫，根据不同的圆点数可以区分。七星瓢虫是典型的益虫，别看它个头非常小，其实它的自卫能力是比较强的。

**2.** 同样是介绍瓢虫的别名、样子、特点，你觉得这段话和课文中的片段有什么不一样的地方？

——课文介绍得生动有趣。

——课文把虫子当作人来写，更吸引人。

**3.** 再读课文中这几段话，你觉得哪些句子特别吸引你？哪些句子特别有画面感？

——我喜欢"瓢虫款款地落下来了，折好它的黑绸衬裙——膜翅，顺顺溜溜；收拢硬翅，严丝合缝"这一句，我从"款款地落下来了""折好""收拢"这些词语感受到花大姐动作很轻盈。（出示图片帮助学生理解"膜翅""黑绸衬裙""顺顺溜溜""严丝合缝"，感受花大姐的动作优雅、一丝不苟。指导学生朗读。）

——我喜欢"瓢虫，朱红的、瓷漆似的硬翅，上有小圆点，特别漂亮"这一句，作者从颜色、质地、斑点三个方面细致地写出了瓢虫硬翅的漂亮。

**4.** 再读整篇课文，你觉得哪些句子特别吸引你？哪些句子特别有

画面感？（学生自由交流）

**5.** 小结：汪曾祺从昆虫的动作、名字、外形和种类等方面介绍昆虫，还用有趣的语言表达自己的感受。这样，小小的昆虫在他的笔下就变得天真烂漫、富有情趣了。

### ❖ 第四步：布置作业

**1.** 选择一种昆虫，发挥想象，以小昆虫的身份，向大家作自我介绍。

**2.** 以自己喜欢的方式，制作一份"昆虫备忘录"，可以采用图文结合的方式。

# 第二单元

## 守株待兔

[教学目标]

1. 学习本课的生字词，借助注释理解字义，读懂故事。

2. 能用自己的话讲述《守株待兔》的故事，并迁移学习《南辕北辙》。

3. 能联系生活体会故事所蕴含的道理。

[教学过程]

### 🎴 第一步：读注释，了解注释的作用

**1.** 这是一篇文言文。文言文旁边为什么总是配有注释？

——编书的叔叔、阿姨估计我们不懂。

——编书的叔叔、阿姨怕我们"猜错"。

**2.** 是不是每一个字都有注释？（不是）

**3.** 怎样的字，编书的叔叔、阿姨会在旁边为我们写上注释呢？

（1）一种情况是"这个字的意思古代和现代不一样，发生变化了"。你们看课文注释里的这些字，哪些古今义发生了变化？（出示课文的注释）

——株：现在往往是量词，例如"一株树"，而在古代是"树桩"的意思。

——走：现在是"走路"的意思，而在古代是"跑"的意思。

——因：现在一般是"因为"的意思，而在古代是"于是"的意思。

——释：现在一般是"解释"的意思，而在古代是"放下"的意思。

（讲解时语速要慢，要讲清楚）

（2）一种情况是"这个字比较生僻，难以理解"。你们看注释里的这些字，哪些是这种情况？

——耒：这个字现在很少用到了，它是古代用来耕田的工具，我们来看图。（出示耒的图片）

——冀："希望"的意思。

### 第二步：借助注释，读懂故事

**1.** 借助注释，用自己的话讲《守株待兔》的故事。

> 春秋时代宋国有位农夫，他每天早上很早就到田里工作，一直到太阳下山才收拾农具准备回家。
>
> 有一天，农夫正在田里辛苦地工作，突然远远跑来一只兔子。这只兔子跑得又急又快，一不小心，兔子撞上稻田旁边的大树。这一撞，撞断了兔子的颈部，兔子当场倒地死亡。
>
> 一旁的农夫看到之后，急忙跑上前将死了的兔子一手抓起，然后很开心地收拾农具，准备回家把这只兔子煮来吃。农夫心想，天底下既然有这么好的事，自己又何必每天辛苦地耕田？
>
> 从此以后，他整天守在大树旁，希望能再等到不小心撞死的兔子。兔子是不可能再次得到了，而他却被宋国人笑话。

**2.** "守株待兔"是什么意思呢？请你从文中找出一个最能表明"守株待兔"的意思的句子。

——因释其耒而守株，冀复得兔。

**3.** 这个农夫最终成为一个笑话，为什么呢？

❖ 第三步：学习"阅读链接"，迁移运用

**1.** 读《南辕北辙》。《南辕北辙》中的主人公我们都觉得很可笑，可笑在哪里？

---

**南辕北辙**

从前有一个人，乘着马车在大路上飞跑。

他的朋友看见了，叫住他问："你上哪儿去啊？"

他回答说："到楚国去。"

朋友很奇怪，提醒他说："楚国在南边，你怎么往北边走啊？"

他说："**没关系，我的马跑得快。**"

朋友说："马跑得越快，离楚国不是越远了吗？"

他说："**没关系，我的车夫是个好把式！**"

朋友摇摇头，说："那你哪一天才能到楚国啊！"

他说："**没关系，不怕时间久，我带的盘缠多。**"

楚国在南边，他硬要往北边走。他的马越好，车夫的本领越大，盘缠带得越多，走得越远，就越到不了楚国。

---

　　——他不爱听人劝，非常固执，别人怎么劝都说"没关系"，让人感到好笑。

　　——他太自以为是，强调自己的"马跑得快"，"车夫是个好把式"，"盘缠多"。

　　——楚国在南边，他却硬要往北走。他走向了一个和自己原先设定的目标相反的方向，令人感到可笑。

**2.**《南辕北辙》有个特点——通过对话来写故事，通过对话来讲道理。我们在《守株待兔》里也设置一个"明白事理"的朋友，让这个朋友来劝劝这个农夫。

你怎么劝？（小组讨论，并写下来）

邻居说："你天天在这里守着，这是很傻的。"

农夫说："那天我就白捡到了一只兔子啊。"

邻居说："那是因为＿＿＿＿＿＿＿＿＿＿＿＿＿＿＿＿＿＿＿"

农夫说："那我一直在这里等，还是有可能等到一只兔子撞死在这个树桩上的啊。"

邻居说："＿＿＿＿＿＿＿＿＿＿＿＿＿＿＿＿＿＿＿＿＿"

### ❖ 第四步：连接生活，明白寓意

**1.** 将生活中的例子和"守株待兔""南辕北辙"连线。

张爷爷买了一次彩票中奖几百元后，就天天去买彩票。

圆圆感冒咳嗽了，却一直坚持认为自己是吃上火了，天天喝凉茶降火以治疗咳嗽。

明明有一次没复习居然取得了不错的成绩，之后就想着不好好学习也能取得好成绩。

守株待兔

南辕北辙

**2.** 结合寓言故事，再联系生活中的例子，用自己的话说说这两则寓言所蕴含的道理。

**3.** 带着自己的理解再读读这两则寓言故事。

---

◈ **第五步：布置作业**

**1.** 背诵填空，核对时重点关注"耕""触""颈""释"4个字。

> 宋人_____。田中_____。_____，折颈而死。_____，冀
> 复得兔。兔不可复得，_____。

**2.** 推荐阅读《中国古代寓言故事》。

# 陶罐和铁罐

## [教学目标]

1. 按类学习本课的生字词，随文理解"奚落""傲慢"等词语。

2. 能简单复述陶罐和铁罐之间发生了什么故事，并结合对话体会它们的性格特点。

3. 能分角色朗读课文，明白故事的寓意。

## [教学过程]

### ❖ 第一步：学习字词

**1.** 我们一起来读课题《陶罐和铁罐》。罐是一种用来盛东西的器皿。你们都知道哪些罐？

—— 陶罐、铁罐、木罐、玻璃罐……（拓展认读）

**2.** 读好下面三组词语。（可以分组出示）

---

橱柜　　官殿　（这两个词语表明故事发生的地点）

傲慢　　轻蔑　　恼怒　　谦虚　（这四个词语都是描写神态的）

**奚落**　**懦弱**　和**睦**相处　（这三个字容易念错，尤其是"奚"字）

---

**1.** 这篇课文也是一个寓言。前面讲过，寓言就是讲道理的小故事。所以读寓言，先要读懂故事内容，再去读懂故事所蕴含的道理。

**2.** 陶罐和铁罐之间发生了一件什么事呢？用自己的话说一说。（要给学生充分的练习时间）

**3.** 刚才每一个同学都努力用一段简短的话概括这个故事的主要内容，概括得怎么样呢？请你自己衡量一下你的概括有没有讲到下面四点。

> 陶罐和铁罐的不同特点——陶罐易碎，铁罐坚硬。
>
> 陶罐和铁罐的不同态度——陶罐谦虚，铁罐傲慢。
>
> 陶罐和铁罐的不同结局——陶罐完好，铁罐消失。
>
> 最主要的事——铁罐常常奚落陶罐。（顺便解释"奚落"）

**4.** 有一个小朋友就讲到了这四点，而且很简洁。大家读一读。

> 国王的橱柜里有一只陶罐和一只铁罐，铁罐仗着自己坚硬瞧不起易碎的陶罐，常常奚落陶罐。面对铁罐的傲慢无礼，陶罐很谦虚、友善地跟它讲道理，可铁罐就是不理它。许多年以后，宫殿倒塌了，王朝覆灭了，陶罐完好无损，成为文物，铁罐则消失得无影无踪。

**5.** 相信你从这段话中得到了启发。谁愿意再来说一说这个故事的大概内容？

**1.** 这篇寓言有两个场景，是哪两个？

—— 第一个是国王的橱柜里。

—— 第二个是荒凉的废墟上。

**2.** 在第一个场景中，陶罐和铁罐有一番对话，它们说话的态度完全不一样。态度不一样，语气就不一样。把描写它们神态、语气的词语画出来。

> "你敢碰我吗，陶罐子！"铁罐**傲慢**地问。
>
> "不敢，铁罐兄弟。"陶罐**谦虚**地回答。
>
> "我就知道你不敢，懦弱的东西！"铁罐说，带着更加**轻蔑**的神气。
>
> "我确实不敢碰你，但并不是懦弱。"陶罐**争辩**说，"我们生来就是盛东西的，并不是来互相碰撞的。说到盛东西，我不见得就比你差。再说……"
>
> "住嘴！"铁罐**恼怒**了，"你怎么敢和我相提并论！你等着吧，要不了几天，你就会破成碎片，我却永远在这里，什么也不怕。"
>
> "何必这样说呢？"陶罐说，"我们还是和睦相处吧，有什么可吵的呢！"
>
> "和你在一起，我感到羞耻，你算什么东西！"铁罐说，"走着瞧吧，总有一天，我要把你碰成碎片！"

**3.** "傲慢"是什么意思？你能把傲慢的语气读出来吗？"谦虚"是什么意思？你能把谦虚的语气读出来吗？

**4.** 后面两句没有描写神态、语气的词语，如果让你加上，你会怎么加？你能把这种语气读出来吗？

> "何必这样说呢？"陶罐（　　　　）说，"我们还是和睦相处吧，有什么可吵的呢！"
>
> "和你在一起，我感到羞耻，你算什么东西！"铁罐（　　　）说，"走着瞧吧，总有一天，我要把你碰成碎片！"

**5.** 请同桌分角色朗读。（去掉提示语，直接读对话，练习的时间要充分）

> "你敢碰我吗，陶罐子！"
>
> "不敢，铁罐兄弟。"
>
> "我就知道你不敢，懦弱的东西！"
>
> "我确实不敢碰你，但并不是懦弱。我们生来就是盛东西的，并不是来互相碰撞的。说到盛东西，我不见得就比你差。再说……"
>
> "住嘴！你怎么敢和我相提并论！你等着吧，要不了几天，你就会破成碎片，我却永远在这里，什么也不怕。"
>
> "何必这样说呢？我们还是和睦相处吧，有什么可吵的呢！"
>
> "和你在一起，我感到羞耻，你算什么东西！走着瞧吧，总有一天，我要把你碰成碎片！"

### 第四步：读出寓意

**1.** 读了这个寓言，你喜欢陶罐还是喜欢铁罐？为什么？

**2.** 其实，刚才你们已经在说这个寓言的寓意了。这个寓言的寓意是什么呢？

——人应该谦虚谨慎，不要骄傲自满。

——每个人都有自己的长处和短处，要看到别人的长处，正视自己的短处。

**3.** 这种发生在两个人物之间的寓言挺多的。例如"阅读链接"里的《北风和太阳》，你现在去读一读，先要读懂故事内容，再去读懂故事所蕴含的道理。

**4.** 机动作业：如果你有兴趣，可以尝试编一个有两个人物的寓言故事，例如《大海和小溪》《铅笔和钢笔》《鲜花和绿叶》等。

# 鹿角和鹿腿

## [教学目标]

1. 随文认识本课的生字词，会正确认读多音字"称"，读好感叹句。
2. 借助鹿想法的变化和故事的转折图，理清课文脉络，读懂故事。
3. 通过圈画关键词句、抓住语气词等方法对比鹿的想法的变化。
4. 了解故事的寓意，能对故事中的有关说法发表自己的看法。

## [教学过程]

### ❀ 第一步：初读课文，学习字词

**1.** 读好词语。（出示多音字、音变词）

> 禁 ┌ 不禁    称 ┌ 匀称    痛痛快快
>     └ 禁止       └ 称呼

（注意"痛痛快快"的变音，拓展"漂漂亮亮""大大方方"等词语）

**2.** 读好有感叹词的句子。

> 鹿猛一回头，**哎**(āi)呀，一头狮子正悄悄地向自己逼近。
>
> "**唉**(ài)，这四条腿太细了，怎么配得上这两只美丽的角呢！"

**1.** 关于腿和角，鹿前后的想法分别是什么？摘录课文中的句子回答。

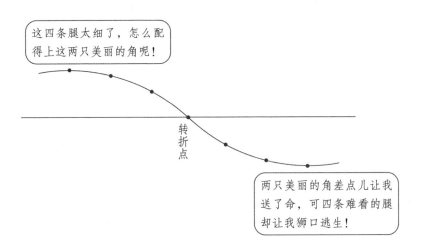

这四条腿太细了，怎么配得上这两只美丽的角呢！

转折点

两只美丽的角差点儿让我送了命，可四条难看的腿却让我狮口逃生！

**2.** 读了鹿前后的想法，你有什么发现吗？

——关于腿和角，鹿前后的想法发生了改变。

——鹿前后的想法截然不同。

❖ **第三步：梳理故事的转折点**

**1.** 那么是什么事情让鹿的想法发生改变了呢？默读课文，用自己的话来概括。

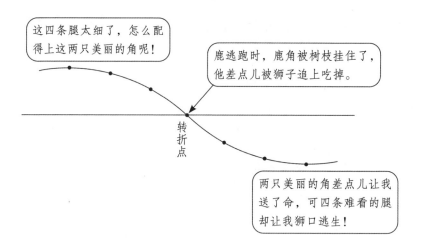

这四条腿太细了，怎么配得上这两只美丽的角呢！

鹿逃跑时，鹿角被树枝挂住了，他差点儿被狮子追上吃掉。

转折点

两只美丽的角差点儿让我送了命，可四条难看的腿却让我狮口逃生！

**2.** 原来鹿对角和腿想法的改变跟狮子的出现有关。其实鹿的心情也在跟着想法的变化而变化。请默读课文，对照故事的转折图找出鹿的心情的变化。

（让学生交流从哪里体会到鹿当时的心情）

——我从"咦，这是我吗？"感受到鹿对自己的身影感到惊奇、不可置信。

——我从"啊！我的身段多么匀称，我的角多么精美别致，好像两束美丽的珊瑚！"这句话中的感叹词和标点感受到鹿此刻对自己的角应该感到洋洋得意，心里美滋滋的。

——我从"唉，这四条腿太细了，怎么配得上这两只美丽的角呢！"这句话中的"唉"字感受到鹿不喜欢自己的腿，他应该有些伤心。

——"两只美丽的角差点儿让我送了命，可四条难看的腿却让我狮口逃生！"这句话，特别是结尾的感叹号，让我感受到鹿受到惊吓后对自己刚才的行为感到不好意思了。

**3.** 根据鹿的心情变化读好相关的句子。

"咦，这是我吗？"

"啊！我的身段多么匀称，我的角多么精美别致，好像两束美丽的珊瑚！"

"唉，这四条腿太细了，怎么配得上这两只美丽的角呢！"

"两只美丽的角差点儿让我送了命，可四条难看的腿却让我狮口逃生！"

### ❀ 第四步：根据故事的转折图讲故事

**1.** 你能根据故事的转折图把这个故事讲下来吗？如果允许你到课文中挑三到四个词语来讲，你会挑哪些？

倒影　　匀称　　噘嘴　　抱怨

撒开长腿　　灰心丧气　　挣脱

喘气　　休息

**2.** 讲故事。

### ❀ 第五步：明确寓意，延伸思考

**1.** 读了鹿后面说的话，你觉得下面哪种说法不是鹿心里的想法？

①美丽的角不重要，实用的腿才是重要的。

②不能以表面的样子来判断一样事物。

③事物各有所长，各有所短。

④不要光图美丽的外表，也要讲究实用。

⑤美丽的角差点儿要了自己的命，可以不要。

**2.** 猜一猜：作者创作这个故事，是想把它讲给谁听？

——我觉得是想讲给那些光看重外表，而不看重能力的人听的。

——我觉得应该是说给那些在某些方面很容易骄傲自满的人听的。

…………

# 池子与河流

## [教学目标]

1. 对比读词语，读好"滔""碌"等字，借助词语概括寓言的情节。

2. 对比读"池子"与"河流"的生活，体会她们不同的做法、不同的志向。

3. 对比"池子"与"河流"的不同观点，联系生活实际，在辨析中读懂寓言诗所蕴含的道理。

4. 对比本单元寓言故事的形式，了解寓言诗。

## [教学过程]

### ❖ 第一步：对比读词语

**1.** 今天这节课，我们学习一篇略读课文《池子与河流》。这是一则外国的寓言。预习过课文了，我们先来对比读两组词语。（这两组词语里有两个生字，一个是"滔"，一个是"碌"）

| 无忧无虑 | 推究哲理 |
| --- | --- |
| 青苔铺满 | 芦苇遮掩 |
| 一无所为 | |

| 滚滚滔滔 | 忙忙碌碌 |
| --- | --- |
| 源源不断 | 奔流不息 |
| 长流不断 | |

**2.** 再读一读这两组词语，比一比，你有什么发现？

——第一组词语描写了池子无所事事的生活。

——第二组词语描写了河流忙碌的生活。

**3.** 是啊，借助这两组词语，我们可以把这个寓言的情节说出来。

——池子整天（无忧无虑）、（推究哲理）。后来呢？池子变得（青苔铺满）、（芦苇遮掩）。最终，池子（一无所为）。河流整天（滚滚滔滔）、（忙忙碌碌），一直（源源不断）、（奔流不息）。至今，河流还（长流不断）。

### 第二步：对比读生活

**1.** 是啊，读完我们就发现这是一个充满"对比"的寓言，首先是池子与河流的生活很不一样。

**2.** 通过比较寓言中的这两节，我们发现池子无所事事、安逸清闲，而河流则是忙碌、辛劳的。

> 我总是看见，
> 你一会儿背着沉重的货船，
> 一会儿驮着长串的木筏，
> 还有小划子啊小船，
> 简直数也数不完。

> 可是，我安闲地躺在柔软的泥土里，
> 像贵妇人躺在鸭绒垫上一样。
> 我不用为大船和木筏操心，
> 小划子有多重也用不着想，
> 至多，有一两片树叶被微风吹落，
> 在我的胸膛上轻轻摇荡。

**3.** 再来看看写河流的句子，从哪儿能看出河流的忙碌？

——我从"总是"看出了河流的忙碌。

——我从两个"一会儿"看出了河流的忙碌，"一会儿背着沉重的货船，一会儿驮着长串的木筏"。

——我从"简直数也数不完"看出了河流的忙碌。

**4.** 把这种感觉带到句子中，一起读！

❖ **第三步：对比读观点**

**1.** 池子与河流的生活是如此不同，在她们自己看来，谁的生活更好一些？

**2.** 在这篇寓言中，池子与河流说了各自的想法，我们找出来读一读。

| | |
|---|---|
| 固然，我并不出名，<br>我没有出现在地图上，<br>像你那样蜿蜒地贯穿全国，<br>也没有行吟诗人为我弹琴歌唱。<br>——这一切其实都是空的。<br><br>这清闲的生活无忧无虑，<br>还有什么能够代替？<br>任凭人世间忙忙碌碌，<br>我只在睡梦中推究哲理。 | 我是一条伟大的河流，<br>那是因为我遵循着这条规律，<br>不顾自身的安逸。<br>我用源源不断的清洁的水，<br>年年给人们带来利益。<br>这就使我受到尊敬，光荣无比。<br>也许，我将永远奔流不息；<br>可你早被遗忘，不再有人提起。 |

**3.** 池子与河流的话里，有你不理解的词语吗？（随机引导学生理解"固然""蜿蜒""行吟诗人""安逸"）

**4.** 你能用自己的话说说池子与河流的观点吗？

——池子认为忙碌的生活空有其名，享受自己无忧无虑、安逸的生活才是最好的。

——河流认为不能贪图安逸，要永远奔流不息，给人们带来利益，这才是光荣无比的事。

**5.** 你看，她们都觉得自己的生活好。那作者的观点呢？是的，作者在这个寓言中直接写了自己的观点。我们来读一读。

> 才能不利用就要衰退，
>
> 它会逐渐磨灭；
>
> 才能一旦让懒惰支配，
>
> 它就一无所为。

**6.** 作者的观点是什么，你能用自己的话说一说吗？

——他认为我们应该好好利用自己的才能，因为才能一旦让懒惰支配，它就一无所为。

——作者的观点就是我们应该像河流一样勤劳，不要像池子一样懒惰。

**7.** 池子有池子的观点，河流有河流的观点，作者有作者的观点。接下来我们就来比一比这些观点，好不好？大家看大屏幕，有几位同学读了课文，形成了这样的观点。

> 小西同学说，他支持池子的观点，因为生活就应该像池子一样；河流不顾自身的安逸，永远忙忙碌碌的，怎么会幸福呢？（他找到了课文中的信息，用对比的方法说明了自己的观点）

小方同学说，他支持河流的观点。像河流一样努力才有希望，才能受到别人的尊敬。像池子一样无忧无虑，只能一无所为。（他也找到了课文中的重要信息，用对比来说明）

**8.** 那么作为小读者的你们，支持谁的观点呢？是不是还有新的观点呢？来，拿起笔来写一写。

——我支持河流的观点。因为只有勤劳才能获得希望，不能像池子那样无忧无虑、自由自在。如果像池子那样，迟早会被遗忘在社会的茫茫大海中。

——我也支持河流的观点。因为只有像河流一样努力，才能活出自己的价值。而像池子那样，只是虚度年华，不能活出生命的价值。

——我的观点是要劳逸结合，不要让自己太累，有时要勤劳，有时也要像池子那样放松一下。

**9.** 我们班的同学了不起，在这么短的时间里就悟出了这么多哲理。就像你们说的那样，安闲但不懒惰，勤劳却不激进，或许这才是最好的状态。

### ◆ 第四步：对比文章的形式

**1.** 这个单元有三篇文章是外国的寓言，请你比一比，看看有什么发现。

——故事中都有两个主人公。

——题目相似，都是《××和（与）××》，例如《北风和太阳》《鹿角和鹿腿》《池子与河流》。

——都运用了拟人手法，寓言中的很多角色都是会说话的。

——都讲了一个道理，而且是通过对比来揭示道理的，这样好写。

**2.** 三篇文章有没有不一样的地方？

——只有《池子与河流》是以诗的形式写的。

**3.** 小结：这篇课文既是诗，又是寓言，叫寓言诗。这是克雷洛夫寓言作品的一大特色。他一生创作了200多篇寓言，它们都以诗的形式呈现，被翻译成多国文字。

## 附：板书设计

|  |  |  |  |
|---|---|---|---|
| **池子** | **与** | **河流** |  |
| 安闲 |  | 忙碌 |  |
| 不用 |  | 总是 |  |
| 用不着 | 一会儿背 |  | **对比** |
| 至多 | 一会儿驮…… |  |  |
| 懒惰 |  | 勤劳 |  |

# 第三单元

## 纸的发明

[教学目标]

1. 能正确、流利地朗读课文，正确认读本课的生字，会写"录""洲""存""社"等字。

2. 借助时间词提取关键信息，读懂课文，理清纸的发明过程。

3. 能根据要求和提示，提取关键信息，说清楚纸的发明过程。

4. 通过梳理改进前各种书写材料的不足，理解蔡伦改进后的造纸术能够传承下来的原因，感受造纸术对人类社会进步的促进作用。

[教学过程]

### ❀ 第一步：初读课文，梳理纸的发明过程

**1.** 默读课文，想想每个自然段的意思，再照样子填写下图。

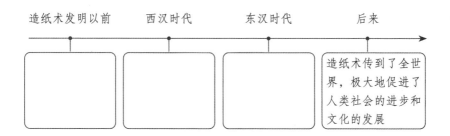

**2.** 填写之前想一想：三个格子里的答案分别要到课文的哪些段落里去寻找？（寻找时间词）

**3.** 下面，我们来核对一下答案。

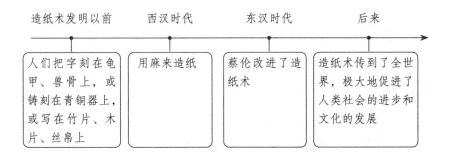

**4.** 你能借助图，按时间顺序有条理地讲清楚纸的发明过程吗？（先让同桌互说，然后指名学生说）

> ❖ 第二步：抓住"改进"理解传承

**1.** 通过上图，我们发现，造纸术的出现、改进是有一个过程的。在蔡伦改进的造纸术出现以前，人们曾经在哪些东西上刻字、写字？

——龟甲、兽骨、青铜器、竹片、木片、丝帛、麻纸。

**2.** 因为这些材料有不足之处，所以蔡伦要改进造纸术。这些材料有哪些不足之处呢？填写下图。

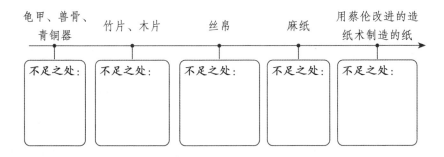

**3.** 要填好这幅图，需要在文中找到一些重要的句子。请画出关键句。

> 但是，这种书很笨重，阅读、携带、保存都很不方便。
>
> ……但是价钱太贵，只有少数人能用，不能普及。
>
> 但麻纸比较粗糙，不便书写。
>
> 用这种方法造的纸，原料容易得到，可以大量制造，价格又便宜，能满足多数人的需要……

**4.** 大家是怎么填写的呢？我们来交流一下答案。

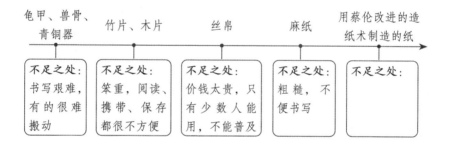

**5.** 因为这些材料有那么多不足之处，所以需要改进造纸术。那么蔡伦改进的造纸术之所以能传承下来，原因有哪些？

——用这种方法造的纸轻便好用、原料容易得到、可以大量制造、价格便宜……

**6.** 你认为用蔡伦改进的造纸术制造的纸还有缺点吗？（让学生自由说）

❖ **第三步：巩固字词**

**1.** 我们来看这一课中要求会读的字，大家说说看阅读时要注意什么。

——容易读错的词：携带、铸刻、篾席、学富五车（理解意思）。

——多音字：朝鲜、薄片、积累。

**2.** 我们来看这一课中要求会写的字，大家说说看书写时要注意什么。

——录：上下结构，上窄下宽，下面不是"水"。

——洲、存、社：注意间架结构、关键笔画的位置等。

# 赵州桥

**[教学目标]**

1. 学习本课的生字词，注意"爪"字的读音，正确抄写第 3 自然段。

2. 默读课文，抓住关键语句梳理赵州桥世界闻名的原因，体会如何围绕关键语句把"坚固"和"美观"写清楚。

3. 能用给定的词语向别人介绍赵州桥，感受我国古代劳动人民的智慧。

**[教学过程]**

### ❖ 第一步：了解赵州桥的概况

**1.** 我们先来读课文中的词语。（重点强调"前爪"的读音）

> 赵县　　石拱桥　　安济桥　　石匠　　设计
>
> 横跨　　历史　　前爪　　创举　　而且　　智慧

**2.** 我们再来读课文的第 1 自然段。

> 河北省赵县的洨河上，有一座世界闻名的石拱桥，叫安济桥，又叫赵州桥。它是隋朝的石匠李春设计并参加建造的，到现在已经有一千四百多年了。

**3.** 你别小看这段话，这段话信息量非常大，介绍了赵州桥的很多方面，例如桥名，还有什么？

——赵州桥的地点、地位、设计者、历史。

**4.** 有人要用表格的形式介绍这座桥的概况，你能把表格填写完整吗？

| 桥名 | 赵州桥、安济桥 |
|---|---|
| 地点 | 河北省赵县的洨河上 |
| 地位 | 世界闻名 |
| 设计者 | 李春 |
| 历史 | 距今一千四百多年 |

**5.** 作者用这么短的一段话就介绍了赵州桥的那么多信息，不简单。我们再来读一下。

### 第二步：梳理赵州桥世界闻名的原因

**1.** 世界上石拱桥很多，为什么只有赵州桥世界闻名？读课文，争取利用一些关键句把原因整理出来。

——因为赵州桥非常雄伟。

——因为赵州桥不但坚固，而且美观。

——因为赵州桥历史悠久，体现了古代劳动人民的智慧和才干。

**2.** 我们能这么快就把赵州桥世界闻名的原因整理出来，是有原因的，你发现了吗？

河北省赵县的洨河上，有一座世界闻名的石拱桥，叫安济桥，又叫赵州桥。它是隋朝的石匠李春设计并参加建造的，到现在已经有一千四百多年了。

关键句，总起句 —— **赵州桥非常雄伟。**桥长五十多米，有九米多宽，中间行车马，两旁走人。这么长的桥，全部用石头砌成，下面没有桥墩，只有一个拱形的大桥洞，横跨在三十七米多宽的河面上。大桥洞顶上的左右两边，还各有两个拱形的小桥洞。平时，河水从大桥洞流过，发大水的时候，河水还可以从四个小桥洞流过。这种设计，在建桥史上是一个创举，既减轻了流水对桥身的冲击力，使桥不容易被大水冲毁，又减轻了桥身的重量，节省了石料。

关键句，过渡句 —— **这座桥不但坚固，而且美观。**桥面两侧有石栏，栏板上雕刻着精美的图案：有的刻着两条相互缠绕的龙，嘴里吐出美丽的水花；有的刻着两条飞龙，前爪相互抵着，各自回首遥望；还有的刻着双龙戏珠。所有的龙似乎都在游动，真像活了一样。

关键句，总结句 —— **赵州桥体现了劳动人民的智慧和才干，是我国宝贵的历史文化遗产。**

❀ **第三步：研读"坚固"**

**1.** 我们来看看中国的另外两座古桥——苏州宝带桥和北京卢沟桥。（出示宝带桥和卢沟桥的图片）请你说说它们和赵州桥的不同之处。

**2.** 看来赵州桥确实和它们不一样。作者用了 69 个字（含标点）就清清楚楚地写出了赵州桥最显著的特点。只读一遍，然后合上书，请看着赵州桥的照片再把它的特点写出来。

> 这么长的桥，全部用石头砌成，下面没有桥墩，只有一个拱形的大桥洞，横跨在三十七米多宽的河面上。大桥洞顶上的左右两边，还各有两个拱形的小桥洞。

**3.** 谁上来读一读你介绍赵州桥的片段？老师根据你的文字画出桥的样子。

——……左右两边，还有两个拱形的小桥洞。（应该是"左右两边，还各有两个拱形的小桥洞"）

——……大桥洞左右两边，还各有两个拱形的小桥洞。（应该是"大桥洞顶上的左右两边，还各有两个拱形的小桥洞"）

**4.** 小结：你看，你现在知道了这段短短的话，其实非常值得学习，因为作者写得非常准确。

**5.** 赵州桥这样的设计以前有过吗？

——以前没有过，因为课文中说"这种设计，在建桥史上是一个创举"。"创举"的意思是"从来没有过的举动或事业"。

**6.** 李春为什么要采用这样一种全新的设计呢？

——第一，可以减轻流水对桥身的冲击力，使桥不容易被大水冲毁。平时，河水从大桥洞流过；发大水的时候，河水还可以从四个小桥洞流过。

——第二，可以减轻桥身的重量，节省石料。

**7.** 这两条都是这种设计的优点，那我们写的时候，换一下位置行不行？

> 这种设计，在建桥史上是一个创举，既减轻了流水对桥身的冲击力，使桥不容易被大水冲毁，又减轻了桥身的重量，节省了石料。
>
> 这种设计，在建桥史上是一个创举，既减轻了桥身的重量，节省了石料，又减轻了流水对桥身的冲击力，使桥不容易被大水冲毁。

——不行，就桥来说，坚固、安全是第一位的。

### 💠 第四步：研读"美观"

**1.** 我们再来读写赵州桥美观那一段。

> 这座桥不但坚固，而且美观。桥面两侧有石栏，栏板上雕刻着精美的图案：有的刻着两条相互缠绕的龙，嘴里吐出美丽的水花；有的刻着两条飞龙，前爪相互抵着，各自回首遥望；还有的刻着双龙戏珠。所有的龙似乎都在游动，真像活了一样。

**2.** 小组讨论：这个段落，一共有几句话？（三句）三句之间是什么关系？赵州桥的美观体现在哪里？

——第一句是过渡句，"这座桥不但坚固"承上，"而且美观"启下。第二句、第三句是围绕第一句写的，更准确地说，是围绕"赵州桥美观"来写的。

——第二句告诉我们，桥栏上的图案多样，作者列举了三种图案。

——第三句告诉我们，桥栏上的图案逼真，像活的一样。

**3.** 为了写出桥栏上的图案多样，作者用了什么方法？

——举了几个例子。

——用"有的……有的……还有的……"来写。

**4.** 这种方法运用得很普遍，我们三年级已经学过的课文中哪两篇也用了这种方法？（《荷花》《富饶的西沙群岛》）后面的《海底世界》也用了这种方法。我们来读一读。

---

白荷花在这些大圆盘之间冒出来。**有的**才展开两三片花瓣儿。**有的**花瓣儿全展开了，露出嫩黄色的小莲蓬。**有的**还是花骨朵儿，看起来饱胀得马上要破裂似的。

——《荷花》

鱼成群结队地在珊瑚丛中穿来穿去，好看极了。**有的**全身布满彩色的条纹；有的头上长着一簇红缨；**有的**周身像插着好些扇子，游动的时候飘飘摇摇；**有的**眼睛圆溜溜的，身上长满了刺，鼓起气来像皮球一样圆。

——《富饶的西沙群岛》

海底的动物常常在窃窃私语。你用水中听音器一听，就能听见各种声音：**有的**像蜜蜂一样嗡嗡，**有的**像小鸟一样啾啾，**有的**像小狗一样汪汪，**还有的**好像在打鼾……

——《海底世界》

**5.** 作者的这几个"有的"也不是乱写的，（出示一幅赵州桥栏板浮雕图）你觉得哪一个"有的"描写了这幅图？

——有的刻着两条相互缠绕的龙，嘴里吐出美丽的水花。

**6.** 赵州桥上真的有那么多逼真的图案，请你带着想象再来读整段话。

### ❀ 第五步：布置作业

**1.** 如果让你做导游，你能用以下词语作为每一段的中心词，并运用文中以及你了解的信息向游客介绍赵州桥吗？

> 世界闻名　　雄伟　　创举　　美观

**2.** 听写本课的生字词。（关注易错字"匠"的笔顺、"省"的书写）

**3.** 正确抄写第 3 自然段。

# 一幅名扬中外的画

[教学目标]

1. 朗读课文，了解《清明上河图》画面的丰富和传神。

2. 能抓住概括性的句子，学习课文是怎样围绕一个意思用列举的方法介绍场景、是如何生动细致地描写场景的。

3. 仿照课文的写法，用上"有……有……"或者"有的……有的……"句式介绍一个自己熟悉的场景。

[教学过程]

❖ 第一步：检查预习

**1.** 通过预习，关于《清明上河图》，你已经知道了什么？

**2.** 预习的时候，哪些词语是你不理解的？你发现了吗？有些词语很容易读错。

> zé        fàn      lì
> 张择端    摊贩    官吏
>
> da      shèng      zhuài
> 溜达   一 乘 轿子    拽 住

（读准确后，师生共同解释这些词语）

**❖ 第二步：学习概括性介绍**

**1.** 这篇课文是介绍《清明上河图》这幅画的。如果一个从未听说过这幅画的人，想请你用最简洁的语言来介绍这幅画，你看只要用课文的哪一段就可以了？（第1自然段）

**2.** 这段话介绍了《清明上河图》的哪些内容？（让学生齐读句子，随着句子的出示，教师分别打出作者、名称和内容、历史及目前保存情况）

> **作者：** 北宋时候，有位画家叫张择端。**名称和内容：** 他画了一幅著名的画——《清明上河图》，画的是北宋都城汴京热闹的场面。**历史及目前保存情况：** 这幅画有八九百年的历史，早已名扬中外，现在保存在北京故宫博物院里。

**❖ 第三步：学习分场景介绍**

**1.** 如果课文只剩下第1自然段，那对《清明上河图》的介绍就太简单了。如果具体介绍，那么介绍什么，作者就必须作出选择。因为这幅画的内容实在是太多了，全部介绍清楚，可以写一本书。默读课文第2～4自然段，看看作者选择了《清明上河图》的哪些内容来介绍。

　　——人物多。

　　——街市很热闹。

　　——桥北头的情景。

**2.** 有的小朋友能快速、准确地概括出课文介绍了《清明上河图》的哪三个方面，是因为他们抓住了概括性的总起句。

> 光是画上的人物，就有好几百个。
>
> 画上的街市可热闹了。
>
> 最有意思的是桥北头的情景。

**3.** 看了《清明上河图》中的这三个场景，我们会由衷地觉得这幅画画得真好、这幅画真厉害，厉害在什么地方呢？（让学生自由说）

**4.** 其实这幅画厉害在什么地方，第 2～4 自然段也分别有总结性的句子，请你读一读，找一找。

> 三百六十行，哪一行的人都画在上面了。
>
> 别看画上的人小，每个人在干什么，都能看得清清楚楚。
>
> 你看，张择端画的画，是多么传神啊！

**5.** 所以，你们发现了吧，这三段话里都有概括性的句子，然后作者围绕这些句子把意思写具体。

❖ **第四步：学习用举例的方法描写场景**

**1.** 作者写"好几百个"人，只用了 112 个字（含标点）；写"街市的热闹"，只用了 132 个字（含标点）。他用到了同一种方法，请你把用到这种方法的句子画出来。

> 张择端画这幅画的时候，下了很大功夫。光是画上的人物，就有好几百个：**有**从乡下来的农民，**有**撑船的船工，**有**做各种买卖的生意人，**有**留着长胡子的道士，**有**走江湖的医生，**有**摆小摊的摊贩，**有**官吏和读书

人……三百六十行，哪一行的人都画在上面了。

画上的街市可热闹了。街上有挂着各种招牌的店铺。走在街上的，是来来往往、形态各异的人：**有的**骑着马，**有的**挑着担，**有的**赶着毛驴，**有的**推着独轮车，**有的**悠闲地在街上溜达。画面上的这些人，有的不到一寸，有的甚至只有黄豆那么大。别看画上的人小，每个人在干什么，都能看得清清楚楚。

**2.** 这两段话一段写人的职业，一段写人的活动，但写法有相同之处，你发现了吗？

有……有……有……有……有……有……有……

有的……有的……有的……有的……有的……

——这两段话都用了举例的写作方法。

**3.** 去掉这些句子，表达似乎更加简洁。你觉得可以去掉吗？

张择端画这幅画的时候，下了很大功夫。光是画上的人物，就有好几百个。三百六十行，哪一行的人都画在上面了。

画上的街市可热闹了。街上有挂着各种招牌的店铺。走在街上的，是来来往往、形态各异的人。画面上的这些人，有的不到一寸，有的甚至只有黄豆那么大。别看画上的人小，每个人在干什么，都能看得清清楚楚。

——不可以，因为这些例子具体、生动、形象地写出了《清明上河图》里人物的多、街市的热闹。

**4.** 这样的写作方法，我们可以学习一下。从下面三个场景中选择一个，用这样的方法写一写。

一到放学时间，校门口可热闹了。＿＿＿＿＿＿＿＿

＿＿＿＿＿＿＿＿＿＿＿＿＿＿＿＿＿＿＿＿＿＿＿＿＿

超市里的物品可真多。＿＿＿＿＿＿＿＿＿＿＿＿＿＿

＿＿＿＿＿＿＿＿＿＿＿＿＿＿＿＿＿＿＿＿＿＿＿＿＿

我们班有四十几名同学，个个都有自己的拿手本领。＿

＿＿＿＿＿＿＿＿＿＿＿＿＿＿＿＿＿＿＿＿＿＿＿＿＿

### 🌸 第五步：学习生动细致地描写场景

**1.** 作者不仅把桥北头的场景写得那么丰富，而且每个人物的细节描写都特别传神。咱们一起来桥北头看看。

最有意思的是桥北头的情景：一个人骑着马，正往桥下走。因为人太多，眼看就要撞上对面来的一乘轿子。就在这个紧急时刻，马笼头被一下子拽住了，这才没让马撞上那乘轿子。旁边两头运货的小毛驴正在下坡，脚下不稳。站在桥栏杆边欣赏风景的人被惊扰了，连忙回过头来……你看，张择端画的画，是多么传神啊！

**2.** 画出你觉得特别传神的地方，和伙伴交流。（指导学生朗读）

**3.** 总结：介绍一个场景的时候，我们可以像作者一样有选择地把人物和画面写清楚。

## 附：板书设计

一幅名扬中外的画

人物多

街市热闹     有选择

桥北头的情景   写清楚

# 第四单元

## 花　钟

[教学目标]

  1. 认识本课的生字，学习联系画面和生活常识理解"欣然怒放""含笑一现"等词语。

  2. 寻找关键句，并借助关键句概括课文的主要内容。

  3. 通过比较阅读、仿写感受作者用词的准确、生动。

[教学过程]

**第一步：找关键句**

**1.** 自由地朗读课文，把难读的句子反复读一读。

**2.** 我们先来读第 1 自然段。（正音）

**3.** 第 1 自然段好像很长，但如果能找到关键句，这段话主要讲了什么就清楚了。你认为关键句是哪一句？

  ——要是我们留心观察，就会发现，一天之内，不同的花开放的时间是不同的。

**4.** 小结：我们以前读过很多文章，它们的关键句一般是第一句，而这一段的关键句是第二句，所以关键句还是要根据内容来寻找。这一段后面是用实际例子说明"一天之内，不同的花开放的时间是不同的"。请大家再读第1自然段，待会儿我们玩一个快问快答的游戏，老师说时间，你们说这个时间开的花。

凌晨四点左右——牵牛花

五点左右——蔷薇

七点左右——睡莲

中午十二点左右——午时花

下午三点左右——万寿菊

下午五点左右——紫茉莉

晚上七点左右——月光花

晚上八点左右——夜来香

晚上九点左右——昙花

**5.** 下面，老师说花，你们说开花的时间。（强调加上"左右"并解释原因）

牵牛花——凌晨四点**左右**

蔷薇——五点**左右**

睡莲——七点**左右**

午时花——中午十二点**左右**

万寿菊——下午三点**左右**

紫茉莉——下午五点**左右**

月光花——晚上七点**左右**

夜来香——晚上八点**左右**

昙花——晚上九点**左右**

**6.** 我们来读第 2 自然段。（正音）第 2 自然段，你认为关键句是哪一句？

——不同的植物为什么开花的时间不同呢？有的植物开花的时间，与温度、湿度、光照有着密切的关系。

**7.** 我们来读第 3 自然段。（正音）第 3 自然段，你认为关键句是哪一句？

——一位植物学家曾有意把不同时间开放的花种在一起，把花圃修建得像钟面一样，组成花的"时钟"。

### ❀ 第二步：借助关键句概括课文的主要内容

**1.** 那么整篇课文讲了什么呢？把三个关键句串在一起就行了。

> 要是我们留心观察，就会发现，一天之内，不同的花开放的时间是不同的。不同的植物为什么开花的时间不同呢？有的植物开花的时间，与温度、湿度、光照有着密切的关系。一位植物学家曾有意把不同时间开放的花种在一起，把花圃修建得像钟面一样，组成花的"时钟"。

**2.** 但是这样有点儿重复、啰唆，对吧？你能试着改得简洁一点儿吗？（学生说不出来没关系）厉害的人会合并、概括，例如下面这段话。我们来读一读。

> 不同的植物开花的时间，与温度、湿度、光照有着密切的关系，所以，不同的花开放的时间是不同的。一位植物学家利用花的这个特点，把花圃修建得像钟面一样，组成花的"时钟"。

**❀ 第三步：体会表达鲜花开放的不同说法**

**1.** 通过抓关键句，我们发现这篇课文的思路非常清楚，这是这篇课文的优点。这篇课文还有一个优点，就是具体内容也写得非常生动。下面，我们以第 1 自然段为例研究一下。

**2.** 请大家大声读这段话，注意黑体字部分，说说你的发现。

> 凌晨四点，牵牛花**吹起了紫色的小喇叭**；五点左右，艳丽的蔷薇**绽开了笑脸**；七点，睡莲**从梦中醒来**；中午十二点左右，午时花**开花了**；下午三点，万寿菊**欣然怒放**；下午五点，紫茉莉**苏醒过来**；月光花在七点左右**舒展开自己的花瓣**；夜来香在晚上八点**开花**；昙花却在九点左右**含笑一现**……

——写开花的词语都不一样，有变化。
——作者喜欢用拟人、比喻的修辞手法形容开花。（在追问从哪里可以看出拟人的过程中解释"欣然怒放""含笑一现"等词语）

**3.** 就像有的人所说的，这段话写花开用词非常丰富，富有变化。对作者为什么要这样写，有的人可能还不是很清楚，那我们就来比较一下。请读下面这段话，说说读了之后的感觉。

> 凌晨四点，牵牛花**开花了**；五点左右，艳丽的蔷薇**开花了**；七点，睡莲**开花了**；中午十二点左右，午时花**开花了**；下午三点，万寿菊**开花了**；下午五点，紫茉莉**开花了**；月光花在七点左右**开花了**；夜来香在晚上八点**开花了**；昙花却在九点左右**开花了**……

——"开花了"一词用得太多了。

——"开花了""开花了"，太单调了，让人有点儿烦。

——什么花"开花了"，什么花"开花了"，太枯燥乏味，一点儿也不美。

**4.** 是的，这段话写花开用词非常丰富，富有变化。我们通过朗读表现出来。

**5.** 还有一个细节要研究一下：把写花开的词语换一下位置，行不行？（不行）换一下位置，用词还是很丰富啊，为什么不行？

> 凌晨四点，牵牛花**含笑一现**；五点左右，艳丽的蔷薇绽开了笑脸；七点，睡莲从梦中醒来；中午十二点左右，午时花开花了；下午三点，万寿菊欣然怒放；下午五点，紫茉莉苏醒过来；月光花在七点左右舒展开自己的花瓣；夜来香在晚上八点开花；昙花却在九点左右**吹起了紫色的小喇叭**……

**6.** 小结：你们说得真好，写花开的词语，作者都是根据花的特点展开想象来写的。作者为什么用"含笑一现"这个词语形容昙花的开放呢？你们看，（出示昙花开放时的图片）昙花开的时候多像笑脸啊。老师在上课之前认认真真查了一番资料，发现昙花开花的时间很短，晚上只能开三到四个小时，很快就谢掉了。所以作者就抓住花期很短这个特点用了"一现"这个词语，多准确啊！

**7.** 作者多能干啊，他抓住了花的不同特点，写出了七种不同的句子。还有两种花他没写，一种是午时花，一种是夜来香，老师想请你来当当小作家，也来把它们写生动。让我们先来仔细观察一下这两种花，

（出示图片）这样你能写得更好。

——中午十二点左右，午时花绽放出阳光般的笑容。

——晚上八点左右，夜来香伸展腰肢，送来缕缕清香。

### 第四步：巩固字词

**1.** 请你在正确的读音后面打"√"。

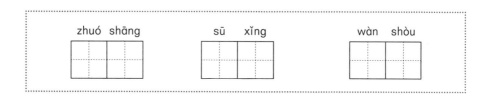

芬 { fēn（　　） / fēng（　　）} 　　芳 { fān（　　） / fāng（　　）} 　　醒 { xǐng（　　） / xīng（　　）}

**2.** 读拼音，写词语。

zhuó　shāng

sū　xǐng

wàn　shòu

**3.** 照例子，写词语。

例：观察（昆虫）

修建（　　　） 　 展开（　　　） 　 绽开（　　　） 　 展示（　　　）

# 蜜 蜂

## [教学目标]

1. 认识本课的生字，正确读写"蜜蜂""辨认""沿途"等词语。

2. 默读课文，能按顺序梳理实验过程，感受法布尔严谨、求实的科学态度。

3. 思考"左右""好像""大概"这些词语能不能去掉，体会课文用词的准确。

## [教学过程]

### ❧ 第一步：学习字词

**1.** 有很多形近字，我们要学会分辨。

| 蜂 | 蜜<br>密 | 山 | 峰<br>锋<br>蜂 | 分 | 辨<br>辫<br>辩 |
| --- | --- | --- | --- | --- | --- |

**2.** 读下面的句子，读好句子里的多音字。

> 这时候刮起了狂风，蜜蜂飞得很低，几（jī　jǐ）乎要触到地面，大概这样可以减少阻力。
>
> 二十只左右被闷（mèn　mēn）了好久的蜜蜂向四面飞散，好像在寻

找回家的方向。

尽（jìn jǐn）管它们逆风而飞，沿途都是一些陌生的景物，但它们确确实实飞回来了。

### ❖ 第二步：默读课文，梳理课后第一题图表

**1.** 默读课文，看课后第一题，按实验目的、实验过程、实验结论把课文分为三个部分。

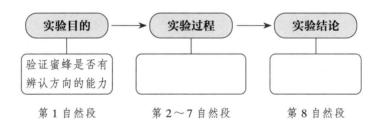

**2.** 第 1 自然段确实是介绍实验目的的，我们写实验目的的时候，需要把整段抄下来吗？想想该如何概括实验目的。

听说蜜蜂有辨认方向的能力，无论飞到哪里，它总是可以回到原处。我想做个实验。

——"无论飞到哪里，它总是可以回到原处"不用抄，因为这句话就是说明"蜜蜂有辨认方向的能力"的。

——"我想做个实验"也不用抄，因为在这里这句话和"实验目的"的意思是一样的。

**3.** 你瞧，抓住第 1 自然段中的关键词句就可以把实验目的概括出来。那么实验结论呢？你也来试着概括吧。

——实验结论是蜜蜂辨认方向靠的不是超常的记忆力，而是一种本能。

**4.** 再来看看实验过程，这个部分有点儿长，概括起来有点儿难。怎么办呢？我们先来试着梳理实验的步骤。请你在文中画出描写实验关键步骤的句子。

> 在我家草料棚的蜂窝里捉了一些蜜蜂，把它们放在纸袋里。
>
> 叫小女儿在蜂窝旁等着。
>
> 自己带着蜜蜂，走了四公里路。
>
> 在它们身上做了白色记号，然后放了出来。

**5.** 现在老师把实验的第一步"在我家草料棚的蜂窝里捉了一些蜜蜂，把它们放在纸袋里"提炼一下，概括为"捉蜜蜂，放纸袋"。你能把其他步骤概括、梳理出来吗？（概括、梳理，填写表格）

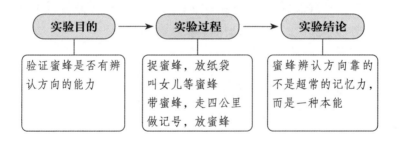

**6.** 用上"先……接着……然后……最后……"等连接词，试着把实验过程说清楚。

**7.** 讨论：实验的步骤那么多，可以省略其中某一步吗？（不能）为什么？

——"捉蜜蜂，放纸袋"是为了方便观察。

——"叫女儿等蜜蜂"是为了了解蜜蜂飞回来的时间。

——"带蜜蜂，走四公里"是为了验证蜜蜂是否认识回家的路。

——"做记号，放蜜蜂"是为了证实飞回家的蜜蜂是"我"抛弃的。

**8.** 小结：原来只有实验过程考虑周到、认真对待，才能确保实验的准确性。而且，作者记录实验过程的时候语言表达也是很准确的。

### 🟣 第三步：感受语言表达的准确

**1.** 下面这个句子中的"左右""好像"去掉行不行？

> 二十只**左右**被闷了好久的蜜蜂向四面飞散，**好像**在寻找回家的方向。

——不能去掉"左右"，因为作者当时没有精确地数。

——不能去掉"好像"，蜜蜂"在寻找回家的方向"，这只是作者当时的猜测。

——用上"左右""好像"这两个词语，表达反而更准确了。

**2.** 这篇课文中还有类似的句子吗？请找出来。

> 这时候刮起了狂风，蜜蜂飞得很低，几乎要触到地面，**大概**这样可以减少阻力。
>
> 在回家的路上，我推测蜜蜂**可能**找不到家了。
>
> 我放蜜蜂的时候是**将近**两点钟，也就是说，在**大约**三刻钟的时间里，那两只小蜜蜂飞了四公里路，这还包括了采花粉的时间。
>
> 这样，二十只**左右**的蜜蜂，至少有十五只没有迷失方向，准确无误地回到了家。

**3.** 我们整理一下，这些让句子表达更准确的词语有哪些？（左右、好像、大概、可能、将近、大约）类似这样的词语，你还能想一些吗？
——也许、估计、上下。

**4.** 下面两个句子中，在重要的数字前后，为什么不用这些词语呢？

> 她高声喊道："有两只蜜蜂飞回来了！它们**两点四十分**回到蜂窝里，肚皮下面还沾着花粉呢。"
>
> 第二天我检查蜂窝时，发现了**十五只**身上有白色记号的蜜蜂。

❖ **第四步：了解昆虫学家应该具备的品质**

**1.** 从这篇课文、这些句子中，你觉得法布尔是个怎样的人？

**2.** 介绍法布尔。（出示课后"资料袋"）

> 法布尔（1823—1915）是法国著名的昆虫学家、文学家。课文节选自他的《昆虫记》。这部作品用优美生动的语言，记录了他对昆虫的观察和发现，兼具科学和文学价值。
>
> 法布尔曾经说过："在对某个事物说'是'以前，我要观察、触摸，而且不是一次，是两三次，甚至没完没了，直到没有任何怀疑为止。"

**3.** 但是，你觉得法布尔的这个实验有可以改进的地方吗？

**4.** 生活中你有什么实验要做吗？（可以举例子）

# 小　虾

1. 学会运用寻找关键句的方法概括段落大意。
2. 聚焦细节特写镜头，学习边观察边想象的方法。
3. 学会有目的地摘抄句子。

［教学过程］

### ❖ 第一步：了解青虾，整体感知

**1.** 虾有很多种，你认为作者写的虾是下面三种虾中的哪一种？默读课文，然后作出判断。

> **青虾**：是一种纯淡水虾，几乎全国各地都有分布。体色的深浅常随生活的水质环境而变化。水质清澈、透明度较高时，虾的体色浅淡；在水肥、透明度差的环境中，虾的体色变深、发暗。
>
> **龙虾**：大多数龙虾全身是红色的，也有一些别的颜色的。它们的体形较大，呈圆筒状。大龙虾均为海生，底栖。以动物尸体为食，但亦食活鱼、小型软体动物和其他底栖无脊椎动物以及海藻。
>
> **对虾**：体形长大，侧扁，甲壳较薄，表面光滑。偏黄色对虾为雄性，偏青色对虾为雌性，幼虾在近岸水域、河口地区生活，随着生长而逐渐移向外海深水区，待成熟后又游至近岸产卵。

**2.** 为什么你们认为作者笔下的虾是青虾？

**3.** 下面，请大声朗读课文，难读的词语多读几遍。

---

　　一口缸　　空隙　　稍带

　　腿末端　　钳子　　腹部

　　荡来荡去　　互相追逐　　紧贴住缸壁

---

　　[ 第一行：注意字形和"空""稍"两个多音字；第二行：在图（出示虾的图片）中找出小虾的这几个部位；第三行：让学生做动作帮助理解词语 ]

**4.** 下面，再请默读课文，在默读过程中，请将你认为描写虾描写得特别好的句子圈画出来。

---

❀ **第二步：找关键句，概括第 3 自然段的大意**

---

**1.** 我发现很多同学在第 3 自然段画了很多句子。下面，老师读这一段，大家边听边思考：这一段在写什么？

　　——缸里的小虾十分有趣。

**2.** 大家的意见这么统一，应该是大家都认为，开头第一句是这一段的总起句，也是这一段的关键句。后面所有内容都是围绕它来写的。这段话如果请两个人来读，你会怎么分配？

---

　　**缸里的小虾十分有趣。**（总起）

　　它们有的独自荡来荡去，有的互相追逐，有的紧贴住缸壁。要是你用

---

小竹枝去动动那些正在休息的小虾，它们会立即向别的安静的角落蹦去，一路上像生了气似的，不停地舞动着前面那双细长的腿，腿末端那副钳子一张一张的，胡须也一翘一翘地摆动着，连眼珠子也一突一突的。如果这时碰到正在闲游的同伴，说不定就要打起来。小虾的搏斗很激烈，蹦出水面是常有的事，有时还会蹦到缸外的地面上。（分述）

**3.** 这段话如果请四个人来读，你会怎么分配？

**缸里的小虾十分有趣。**（总起）

它们有的独自荡来荡去，有的互相追逐，有的紧贴住缸壁。（**小虾各自的状态**）

要是你用小竹枝去动动那些正在休息的小虾，它们会立即向别的安静的角落蹦去，一路上像生了气似的，不停地舞动着前面那双细长的腿，腿末端那副钳子一张一张的，胡须也一翘一翘地摆动着，连眼珠子也一突一突的。（**小虾的生气**）

如果这时碰到正在闲游的同伴，说不定就要打起来。小虾的搏斗很激烈，蹦出水面是常有的事，有时还会蹦到缸外的地面上。（**小虾的搏斗**）

### 第三步：研究第一处"有趣"

**1.** 我们先来研究第一处"有趣"。

它们有的独自荡来荡去，有的互相追逐，有的紧贴住缸壁。

**2.** 作者觉得他看到的这个情景很有趣啊，否则不可能把它写到这个段落里，请问：这个情景有趣在哪里？（让学生自由说）

**3.** 有的同学可能还感受不到这个场景有趣在哪里。把这句话分开，然后比较阅读，你就会发现，单个读趣味性不够，三句合在一起，趣味就出来了。

> 它们有的独自荡来荡去。
>
> 它们有的互相追逐。
>
> 它们有的紧贴住缸壁。
>
> **它们有的独自荡来荡去，有的互相追逐，有的紧贴住缸壁。**

——虾的性格、爱好不同，有的喜欢独自行动，有的喜欢结伴游戏；有的喜欢运动，有的喜欢安静。

**4.** 所以这句话读的时候要把每一种"有的"在干什么强调出来。我们来读读看。

### ❀ 第四步：研究第二处"有趣"

**1.** 我们再来研究第二处"有趣"。

> 要是你用小竹枝去动动那些正在休息的小虾，它们会立即向别的安静的角落蹦去，一路上像生了气似的，不停地舞动着前面那双细长的腿，腿末端那副钳子一张一张的，胡须也一翘一翘地摆动着，连眼珠子也一突一突的。

**2.** 作者觉得他看到的这个情景很有趣啊，否则不可能将它写到这个段落里，请问：这个情景有趣在哪里？

——我觉得"不停地舞动着前面那双细长的腿"这个动作很有趣。

——我觉得小虾"腿末端那副钳子一张一张的，胡须也一翘一翘地摆动着，连眼珠子也一突一突的"这些动作很有趣。

…………

**3.** 所以，让作者感到有趣的是小虾的动作。那么老师把"像生了气似的"这几个字去掉，对"趣味"有影响吗？

> 　　要是你用小竹枝去动动那些正在休息的小虾，它们会立即向别的安静的角落蹦去，一路上**像生了气似的**，不停地舞动着前面那双细长的腿，腿末端那副钳子一张一张的，胡须也一翘一翘地摆动着，连眼珠子也一突一突的。

——有影响，"像生了气似的"是作者的联想，有了这一联想，小虾就不只是在做动作，还变得有情感了。

**4.** 是的，加上这样的联想，小虾就变得有情绪、有情感了。那么我们试着续写一句话，你觉得小虾在做这些动作的时候，心里在想什么呢？

> 　　要是你用小竹枝去动动那些正在休息的小虾，它们会立即向别的安静的角落蹦去，一路上**像生了气似的**，不停地舞动着前面那双细长的腿，腿末端那副钳子一张一张的，胡须也一翘一翘地摆动着，连眼珠子也一突一突的。好像在说："＿＿＿＿＿＿＿＿＿＿＿＿。"

**5.** 我们要把体会到的、联想到的，通过朗读体现出来。

**6.** 同学们，课文中作者不止一处加入了自己的联想哦，请大家找出来。

> 夏天，积了大半缸雨水。从葡萄架的空隙里漏下的阳光，洒落在水面
> 上，**像许多大大小小的圆镜。**
>
> 这些小虾，有的通体透明，**像玻璃似的**，这是才长大的。

### ❀ 第五步：研究第三处"有趣"

**1.** 我们再来研究第三处"有趣"。

> 如果这时碰到正在闲游的同伴，说不定就要打起来。小虾的搏斗很激
> 烈，蹦出水面是常有的事，有时还会蹦到缸外的地面上。

**2.** 作者觉得他看到的这个情景很有趣啊，否则不可能将它写到这个段落里，请问：这个情景有趣在哪里？

**3.** 小虾搏斗，就是小虾在打架。仔细读这两句话，琢磨一下趣味点在哪里。

——搏斗的原因让人觉得好笑，话都没说上一句，说打就打。

——搏斗的激烈程度也让人觉得好笑，竟然能打到"蹦出水面""蹦到缸外的地面上"，这也太拼了，脾气够暴躁的。

**4.** 我们要把体会到的、联想到的，通过朗读体现出来。

**5.** 下面，我们练习有感情地朗读整段话。

## 第五单元

## 宇宙的另一边

[**教学目标**]

1. 运用多种方式学习本课的生字词，正确读写"秘密"等词语。

2. 梳理文中的想象，发现"一一对应"写法的特点。

3. 抓住画面，体会想象的大胆、有趣。学习如何展开想象，仿照课文练习写想象。

[**教学过程**]

**❖ 第一步：检查字词**

**1.** 读下面的词语，读准字音。（提醒"淌""栋"是后鼻音）

> 一栋房子　　一篇习作
>
> 浩瀚　　流淌　　思绪　　穿梭　　尴尬
>
> 秘密　　气喘吁吁

**2.** "秘密"两个字容易写错，哪位同学来介绍一下识记的方法?

**❖ 第二步：梳理想象，发现"一一对应"**

**1.** 宇宙的另一边，有很多秘密，谁也没去过，只能靠想象，你觉得宇宙的另一边会有什么？

**2.** 读第 2～7 自然段，你会发现课文里"我"的想象是有规律的，什么规律？

——很多想象是和现实世界一一对应的。

——一些想象非常好玩，很新奇。

…………

**3.** "一一对应"这个规律在第 2～7 自然段里体现得最充分，第 2～7 自然段是怎么"一一对应"的呢？我们来看一张根据内容梳理出来的表格，一起看着表格读一读。

| 宇宙的这一边 | 宇宙的另一边 |
| --- | --- |
| 有座城市 | 有座一样的城市 |
| 有条街道 | 有条一样的街道 |
| 有栋房子 | 有栋一样的房子 |
| 有个孩子 | 有个一样的孩子 |
| 我从书包里拿出作业本 | 他正把作业本放回书包 |
| 我气喘吁吁爬楼梯 | 他正下楼去 |
| 我趴在窗台看着星空 | 他趴在窗台看着星空 |
| 雪在冬天下 | 雪在夏天下 |
| 太阳从东边升起 | 太阳从西边升起 |
| 石头没有生命 | 石头像花朵一样开放，或者像人一样行走 |
| 背起书包出门向左走 | 背起书包出门向右走 |
| 第一节课是语文课 | 第一节课是数学课 |

——在宇宙的这一边"有座城市"，在宇宙的另一边"有座一样的城市"。在宇宙的这一边"有条街道"，在宇宙的另一边"有条一样的街道"……

**4.** 读着读着，你发现这些"一一对应"的秘密了吗？

——我发现有些对应是一模一样的。

——我发现有些对应是刚好相反的。

**5.** 这些对应真有意思，想象一下宇宙的这一边和另一边还有哪些"一一对应"，和你的同桌说一说。

——宇宙的这一边有条小河，宇宙的另一边有条一样的小河。

——当我正在起床的时候，宇宙另一边的他正在准备睡觉。

——我们这边的水从高往低流，宇宙另一边的水是从低往高流的。

……………

**6.** 然而，这样一直想象下去，就会没完没了。不停地反复，原本新奇有趣的想象也会变得无趣。所以，作者没有一直往下写，而是有选择地展开想象。

**7.** 让我们一起再来读读这些"一一对应"的想象吧。

◆ 第三步：聚焦想象，感受有趣

**1.** 除了"一一对应"，作者重点写了对宇宙另一边的想象的几个具体画面。有的想象非常好玩，读读第 8～12 自然段，你觉得哪个想象特别好玩？（读完后可以先小组讨论，再进行交流）

（1）交流语段一：你读懂这个想象了吗？

> 在宇宙的另一边，加法是这样的：大地万物加上一场大雪等于一片白茫茫，那时，无数的孩子会从家里冲出来，打雪仗、堆雪人、滑雪……这样，大地万物加上一场大雪又等于无数孩子的节日。

——就是写冬天的景象和孩子们在雪地里的各种活动。

——就是写大家在下雪天，到户外去打雪仗、堆雪人、滑雪，非常快乐。

（2）交流语段二：这节乘法课最好玩的是什么？

乘法是这样的："早春二月"乘"竹外桃花三两枝"，再乘"春雨贵如油"，等于"春风又绿江南岸"，又等于"碧玉妆成一树高，万条垂下绿丝绦"，最后等于"儿童散学归来早，忙趁东风放纸鸢"。

——我们的乘法是数字相乘，而这里则是古诗相乘。

——最好玩的是乘法像古诗串串烧一样，把春天的各种景物画面用古诗一首首展示出来。

（3）交流语段三：你觉得这样的写作方式怎么样？说说你的看法。
（学生自由说）

我有些尴尬。但在那一瞬间，我决定把我知道的告诉大家：在宇宙的另一边，如果想写一篇关于风的习作，就得闭上眼睛，想象风的样子，慢慢地让自己也变成风，在空中飞啊飞，飞得越高，习作的分数就越高……

——我觉得这样写作挺好的，可以大胆展开想象。

——我觉得这样的想象很自由，想变成什么就变成什么。

**2.** 宇宙的另一边，谁都没去过，都是想象出来的，那作者是胡乱想象的吗？

——不是的，作者是根据自己在生活中看到的事物和学到的知识展开想象的。

——作者是根据自己喜欢的东西来自由大胆地展开想象的。

**3.** 小结：是的，作者是联系实际自由大胆地想象自己喜欢的生活。

**第四步：发挥想象，拓展练习**

同学们，你们想不想也像作者这样写写宇宙另一边的有趣的课堂呢？（选择一个任务仿照课文写一写）

---

**任务一**

在宇宙的另一边，还可以用哪些事物做加法呢？

在宇宙的另一边，_____加上_____等于_____，

_____……这样，_____加上_____又等于_____。

**任务二**

选一个合适的季节，想一想有哪些描写这个季节的诗句，然后将它们用乘法连起来，注意要按一定的顺序哦！

乘法是这样的："_____"乘"_____"，

再乘"_____"，等于"_____"，又等于

"_____"，最后等于"_____"。

**任务三**

你们也可以用自己的方式写写宇宙另一边的减法或除法。

---

# 我变成了一棵树

## [教学目标]

1. 学习本课的生字，借助偏旁理解"肠""醋"等字。

2. 梳理想象的情节，了解故事中想象的新奇，寻找故事中想象里的"爱"，体会作者是如何把想象写好的。

3. 按照"变成什么，怎样变"展开想象，试着把自己的奇妙想象写下来。

## [教学过程]

### ❀ 第一步：学习字词，整体感知

**1.** 上节课，我们学习了《宇宙的另一边》，跟随作者走进了想象的世界，感受到了想象的神奇。这节课我们再来学习一篇充满奇思妙想的课文——《我变成了一棵树》。

**2.** 请同学们自由朗读课文，读准字音，读通句子。

**3.** 这篇课文中的生字都很常见，相信一定难不倒你们。来读一读吧！

> 希望　鳄鱼　痒痒　香**肠**
>
> 小馋猫　糖**醋**排骨

（1）注意"馋""肠"的读音。

（2）月字旁的字一般与身体部位有关，酉字旁的字一般与酒有关，中国古代劳动人民以酒作为发酵剂来发酵酿制食醋。认识生字的时候，可以联系它的偏旁，想一想它的意思。

## ❀ 第二步：梳理富有想象力的情节

**1.** 这篇课文一共有23个自然段，给自然段标上序号。然后找一找哪些自然段写了"我"想变成一棵树的原因，哪些自然段写了"我"变成树之后发生的事情。

——第1～4自然段写了"我"想变成一棵树的原因。

——第5～23自然段写了"我"变成树后发生的一系列有意思的事。

**2.** 我们来理一理"我"想变成一棵树的原因，以及"我"变成树后发生了哪些事。

——"我"因为不想回家吃饭，所以希望自己变成一棵树。

——"我"变成了一棵长满鸟窝的树之后，小动物们住进来了。

——连妈妈也来了，妈妈坐在鸟窝里给小动物们分食物。

——"我"看到那么多美食，馋得直流口水。

——最后"我"发现妈妈竟然知道这棵树就是"我"。

**3.** 根据这些事，你能用自己的话连起来说一说课文主要讲了什么吗？

——"我"因为不想回家吃饭，所以希望自己变成一棵树。"我"变成了一棵长满鸟窝的树之后，小动物们住进来了。连妈妈也来了，妈妈坐在鸟窝里给小动物们分食物。"我"看到那么多美食，馋得直流口水。

最后"我"发现妈妈竟然知道这棵树就是"我"。

第三步：体会想象的新奇

读完整篇课文，你会发现，里面有很多想象让人意想不到。有哪些想象让人意想不到？（先让学生小组交流，再集体交流）

——树上长的不是果子，竟然是鸟窝，而且是很多鸟窝。

——一般的鸟窝是半圆形的，可是这棵树上却长满了各种形状的鸟窝：三角形的、正方形的，还有长方形的、圆形的、椭圆形的、菱形的……总之，各种形状的，这棵树上都有。风一吹，这些鸟窝还会跳舞。真的好有意思。

——这棵树不仅长得很神奇，还有一点很奇特，就是树上竟然可以住小白兔、小刺猬、小松鼠、小鸭子、小鳄鱼、小狐狸……只要你喜欢，不管什么样的动物都可以住进去。小鳄鱼平时不是住在水里的吗？小狐狸不是该住在洞里吗？可是现在这些动物都住在了这棵树上。

——英英变成了树之后，却还像人一样，会弯腰，会流口水，有心跳，肚子饿了还会咕噜噜叫。最特别的是课文的第 6 自然段，这棵树不长苹果不长梨，光长鸟窝。

——还有，动物们住到树上去的方法也与众不同。这些想象真是太有意思了！

（可以结合学生的交流，让他们读相关的句子）

第四步：感受想象里的"爱"

**1.**有人说，在这些想象中不仅感受到了神奇，还感受到了"爱"，你感受到"爱"了吗？感受到了怎样的爱？

——我感受到了里面的"我"爱动物。

——我感受到了妈妈爱"我"。

…………

**2.** 大家应该是从下面两段话中感受到了"我"爱动物。我们再来细读，你是从哪里感受到这份爱的？

> 我会请小白兔、小刺猬、小松鼠、小鸭子、小鳄鱼、小狐狸住在里面，如果你喜欢也可以住进来。
>
> 你怎么住进来？别担心，我会弯下腰，让鸟窝离你很近很近，你只需轻轻一跳或者轻轻一爬，就像平时上你的小床那么容易。

——这棵树上可以住各种动物……

——一般上树要用力攀爬，可是这棵树却会弯腰，你只需轻轻一跳或者轻轻一爬，就能上去。

**3.** 我们来读读这两段话，读的时候语气要亲切、温柔一点儿。

**4.** 你从哪些细节看出了妈妈爱"我"？

——妈妈早就发现了"我"变成一棵树的秘密。

——妈妈住到树上来，包里装了好多东西：巧克力、香肠、面包、花生、牛奶……因为她知道"我"饿了。

——小动物们都猜不出水珠是什么，妈妈一下子就知道这是"我"流的口水。

**5.** 这个猜测的过程也非常有意思，我们一起来看看吧。

> "咕噜噜……"我肚子里的声音越来越响了。这时候，我开始想念家

里那些香喷喷的饭菜，好像还看见爸爸正在大口大口地啃着一块糖醋排骨。天哪，那可是我最喜欢吃的东西！

**"咦，下雨了。"** 小狐狸抬头望了望，可天空中一丝乌云都没有。

**"是你的牛奶打翻了吗？"** 小鳄鱼问小松鼠。

"你看，这不好好的嘛。"

**"那么，可能是一只虫子撒的尿。"**

**"不对，是大树在哭。"** 小白兔发现了树干上不断往下滴的水珠。

唉，变成了树真麻烦。他们连水珠是从我的嘴巴里流出来的都不知道。

**"小馋猫，肚子饿了，对吧？英英！"** 妈妈说话了，还对我眨了一下眼睛。

（1）都有谁在猜？

（2）他们分别是怎么猜的？

"我"馋得流口水时，小狐狸以为是（天在下雨）。

小鳄鱼觉得是（小松鼠打翻的牛奶）。

有动物猜是（小虫子撒的尿）。

小白兔以为是（大树在哭）。

只有妈妈知道那是（"我"嘴馋流下的口水）。

（3）你觉得是安排几个动物猜不到好，还是一下子写妈妈猜到了好？

（4）我们来分角色朗读这个片段。

### 第五步：练习"想象"

**1.** 发现了课文中想象的秘诀，我们也仿照课文中的样子试着变一变吧！先想象一下你可以变成什么，怎样变，然后写清楚。

**2.** 先来听一听这位同学是怎么写的，尤其要注意她想象的变化过程。大家来说说听后的感受。

> 我希望变成一朵云，逍遥自在，想飘到哪儿就飘到哪儿。我这样想着，就觉得浑身忽然轻飘飘的，软绵绵的，我的衣服变成了白色的轻纱，我的头发也像白丝带一样飘了起来。我开始不断上升，大树、高楼竟然都变成了小蚂蚁！我赶忙低头一看，惊得我差点儿说不出话来。你猜怎么着？我真的变成了一朵云！一朵大大的云！……

**3.** 学生练习写。（点评时关注想象的变化过程）

# 第六单元

# 童年的水墨画

[教学目标]

1. 有感情地朗读组诗，体会诗歌活泼、童真的语言，找出三首小诗的共同点。

2. 能用想象画面、联系上下文、联系生活等方法，抓住诗歌里的"孩子"和"快乐"读懂诗句，读出诗句所描写的画面。

3. 体会诗歌为什么以《童年的水墨画》为题，感受童年的多姿多彩、自由快乐。

[教学过程]

### 第一步：朗读课文

**1.** 下面，请大家大声朗读课文，把课文读正确、读流利，等会儿选择你最喜欢的一首小诗读给大家听。（随机正音：溪、扑腾、当作、竿……）

**2.** 不知道你们有没有发现，这首诗跟我们以前学过的儿童诗有明显不一样的地方？

——这首诗是由三首小诗组成的。

**3.** 小结：像这样表现一个主题的由几首小诗组成的诗，我们称之为——组诗。

**1.** 刚才说了，组诗虽然是由几首小诗组成的，但这几首小诗必须表现同一个主题，必须有一些共同点。这三首小诗有什么共同点呢？读一读，想一想。

**2.** 这三首小诗，第一首的内容发生在溪边，第二首发生在江上，第三首发生在林中。这三个不同的地方，似乎关联不大，为什么这三首小诗还可以组合在一起呢？它们有什么共同点呢？

——这三首小诗都是写童年的。

——这三首小诗都是写孩子们很快乐的。

——这三首小诗都用孩子们游戏、生活的地点作为题目。

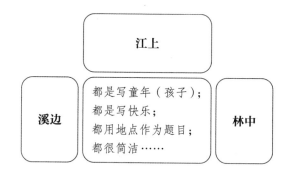

**第三步：了解诗歌中的"童年"**

**1.** 刚才说了这三首小诗都是写孩子，哪些诗句是在写孩子呢？

> **溪　边**
>
> 垂柳把溪水当作梳妆的镜子，
>
> 山溪像绿玉带一样平静。

人影给溪水染绿了，

钓竿上立着一只红蜻蜓。

忽然扑腾一声人影碎了，

草地上蹦跳着鱼儿和笑声。


### 江　上

像刚下水的鸭群，

扇动翅膀拍水戏耍。

一双双小手拨动着浪花，

你拨我溅笑哈哈。

是哪个"水葫芦"一下钻入水中，

出水时只见一阵水花两排银牙。


### 林　中

松树刚洗过澡一身清清爽爽，

松针上一串串雨珠明明亮亮。

小蘑菇钻出泥土戴一顶斗笠，

像一朵朵山花在树下开放。

是谁一声欢叫把雨珠抖落，

只见松林里一个个斗笠像蘑菇一样。


**2.** 诗歌往往写得比较含蓄、隐晦，读了这些诗句，你知道这些孩子在做什么吗？

　　——孩子们在溪边钓鱼。

　　——孩子们在江上戏水。

　　——孩子们在林中采蘑菇。

（在学生说出答案后，老师可以适时追问：你从哪些词句中看出孩子们在钓鱼？你从哪些词句中看出孩子们在戏水？你从哪些词句中看出孩子们在采蘑菇？在问答过程中让学生感受"诗歌往往写得比较含蓄"的特点。）

### 第四步：感受童年的"快乐"

**1.** 前面你们说这三首小诗都写了孩子们的"快乐"，你从哪些诗句中看到了"快乐"？请把相关的句子画下来。

#### 溪　边

垂柳把溪水当作梳妆的镜子，

山溪像绿玉带一样平静。

人影给溪水染绿了，

钓竿上立着一只红蜻蜓。

忽然扑腾一声人影碎了，

**草地上蹦跳着鱼儿和笑声。**

#### 江　上

像刚下水的鸭群，

扇动翅膀拍水戏耍。

一双双小手拨动着浪花，

**你拨我溅笑哈哈。**

是哪个"水葫芦"一下钻入水中，

出水时只见一阵水花两排银牙。

#### 林　中

松树刚洗过澡一身清清爽爽，

松针上一串串雨珠明明亮亮。

小蘑菇钻出泥土戴一顶斗笠，

像一朵朵山花在树下开放。

**是谁一声欢叫把雨珠抖落，**

只见松林里一个个斗笠像蘑菇一样。

**2.** 这些孩子为什么这么快乐呢？你能从这三首小诗中找到原因吗？（建议学生反复读，允许学生讨论，让学生结合生活体验说充分）

**3.** 下面，我们有感情地朗读这三首小诗，把这份"快乐"读出来。

### 第五步：感受诗歌的"水墨意韵"

**1.** 诗歌总的题目是《童年的水墨画》，为什么这些孩子的童年生活在作者心里是"水墨画"，而不是水彩画，不是油画？

**2.** 你们觉得这些水墨画（出示一些水墨画图片）跟这三首小诗有什么相似的地方？

——水墨画寥寥数笔，就勾勒出了一个生动的画面。这三首小诗也非常简洁，简短的几句话就写出了一个生动的场景。

——这三首小诗写得不是很细致，给人很大的想象空间。例如，最后一首小诗里"只见松林里一个个斗笠像蘑菇一样"，并没有具体写孩子们是怎么采蘑菇的，但读者可以根据这句话展开联想。这和水墨画很像。

    ············

**3.** 小结：怪不得作者取题为《童年的水墨画》呢！

❀ **第六步：指导书写**

我们来看这一课中要求会写的字，大家说说看书写时要注意什么。

——墨："黑"字的四点底要均匀铺开，"土"字要写得扁平，最后一横稍长。

——拨：注意和"拔"区别开来。

# 剃头大师

[教学目标]

1. 认读本课的生字，理解"剃头大师""害人精"等词语。

2. 默读课文，能找出老师傅和"我"为什么算不上剃头大师的理由。

3. 能运用多种方法理解难懂的句子。懂得课文为什么用《剃头大师》为题，感受幽默风趣的语言。

[教学过程]

### 第一步：学习词语

**1.** 我们来读一读这篇课文中的词语，读准字音。

> 受刑　　摆布　　央求　　仇人
>
> 剃头大师　　害人精

**2.** 课文中写到了"剃头大师"和"害人精"，谁是"剃头大师"？谁是"害人精"？

### 第二步：思考课文中有"剃头大师"吗

**1.** 在生活中，"大师"这个词是不能乱说的。例如，一个人被称为

"国画大师"，他在绘画方面就一定有超过常人的地方。

> 齐白石爷爷拿起毛笔，蘸上墨水，轻轻地抬起手，转弯，顿笔，寥寥几笔间，几只小虾，就跃然纸上，栩栩如生。长长的虾须在水中缓缓地漂起，细细的虾钳好似一碰就断，黑黑的眼睛闪烁着光芒。淡灰色的虾壳与虾尾栩栩如生。仿佛用手一碰虾尾，它就会收紧尾巴，箭似的蹿出几米。
>
> （学生的习作）

**2.** 如果一个人被称为"钢琴大师"，他在钢琴弹奏方面就一定有超过常人的地方。

> 一双白皙灵巧的手，十根修长白嫩、不停舞动的手指，在那黑白琴键上拂过，指尖流淌出的声音如展翅欲飞的蝴蝶，扑闪着灵动的翅膀，清亮亮地流淌着，又好像塞外悠远的天空，沉淀着清澄的光。
>
> 一旁的观众听得如痴如醉，手也不由自主地动起来。一曲结束，暴雨般的掌声顿时轰鸣全场。
>
> （学生的习作）

**3.** 那么，这篇课文里有真正的剃头大师吗？（没有）

**4.** 我们一个一个来分析，那个老师傅为什么算不上剃头大师？找到相关句子画下来，找到关键词语圈一圈。

> 老师傅习惯用一把老掉牙的推剪，它常常会咬住一绺头发不放，让小沙吃尽苦头。
>
> 老师傅眼神差了点儿，总把碎头发掉在小沙的脖子里……

——我从"老师傅习惯用一把老掉牙的推剪，它常常会咬住一绺头发不放"这句话看出老师傅的剃头技术不行。

——我从"总把碎头发掉在小沙的脖子里"这一句看出顾客的感受很不好，老师傅的剃头技艺不行。

**5.** 小结：剃头技术不好，顾客的感受不好，老师傅当然算不上剃头大师。

❖ **第三步：思考"我"为什么算不上剃头大师**

**1.** "我"为什么算不上剃头大师？（找到相关句子画下来）

> ① 头发长长短短，这儿翘起，那儿却短得不到一厘米。
> ② 一些头发越剪越短，甚至露出了头皮。
> ③ 一眼望去，整个头上坑坑洼洼，耳朵边剪得小心，却像层层梯田。
> ④ 我想稳住小沙，告诉他这是最时髦的发式，可他一照镜子，大叫一声，像见了鬼一样。
> ⑤ 小沙被迫去理发店剃了个和电灯泡一样的光头。

**2.** 这么多句子写出了剃头效果不好，你最喜欢哪一句？为什么？（在学生发言的基础上，梳理"直接描写""间接描写"等写作方法）

——我最喜欢第一、二两句，"不到一厘米""露出了头皮"等直接写头发理好后的难看样子。（这是直接描写）

——我最喜欢第四句，不写头，不写头发，照样能让我们感受到头发被剪得很难看，例如"大叫一声，像见了鬼一样""被迫去理发店剃了个和电灯泡一样的光头"等。（这是间接描写）

——我最喜欢第三句，"像层层梯田"等比喻非常生动。（可借助图

片让学生感受比喻的生动）

**3.** 总结：虽然"我"的剃头水平很糟糕，老师傅也没获得小沙的认可，被称为"害人精"，但是这段童年的回忆是那样有趣、那样生动。

### ❖ 第四步：感受课文的幽默、有趣

**1.** 既然两个人都不是真正的剃头大师，为什么作者要以《剃头大师》为题？（让学生讨论）

——这样写显得文章幽默、有趣。

**2.** 再读课文，你觉得哪些地方写得特别幽默、有趣？（让学生充分说，同时预设几个准备重点分析的句子）

> 我觉得自己像个剃头大师，剪刀所到之处，头发纷纷飘落，真比那老剃头师傅还熟练。这儿一剪刀，那儿一剪刀，不一会儿，姑父的睡衣就像一张熊皮，上面落满了黑头发。
>
> 虽然以前没有干过这一行，可我好像有剃头的天分。我先把姑父的大睡衣给他围上，再摆出剃头师傅的架势，嚓嚓两剪刀，就剪下一堆头发。
>
> 我敢说，世界上再也没有比他更优秀的顾客了。

# 肥皂泡

[教学目标]

1. 学习本课的生字词，正确、流利、有感情地朗读课文。

2. 梳理课文，能说清楚吹肥皂泡的过程，体会作者对游戏过程的细致描写。

3. 运用联系上下文、联系生活实际等多种方法理解文中难懂的句子，体会作者对吹泡泡的喜爱，以及对童年生活的深情回忆。

[教学过程]

### ❀ 第一步：读课文，梳理主要内容

**1.** 这个单元我们着重学习"运用多种方法理解难懂的句子"。在画出自己不懂的句子前，老师想请你说说你读懂了什么。例如，每一段围绕肥皂泡大致讲了什么内容。

| | |
|---|---|
| 第 1 自然段 | "我"爱吹泡泡 |
| 第 2、3 自然段 | 吹泡泡 |
| 第 4 自然段 | 扇泡泡 |
| 第 5 自然段 | 想泡泡 |

**2.** 是啊，冰心写于 1936 年的这篇散文，虽然距离现在已经有八十

多年历史了，但我们大致还是能读懂的。整篇课文都是围绕肥皂泡在写，第1自然段写"我"爱吹泡泡，第2、3自然段写吹泡泡，第4自然段写扇泡泡，第5自然段写想泡泡。

**3.** 而且写吹泡泡的第2、3自然段没有什么难理解的句子。冰心用上连接词，用上动词，把吹泡泡的过程写得很清楚。你能根据印象在括号里填上合适的动词并读出来吗？

> 方法是把用剩的碎肥皂（　　）在一只小木碗里，加上点儿水，和弄和弄，使它溶化，**然后**用一支竹笔套管，（　　）上那黏稠的肥皂水，慢慢地吹起，（　　）成一个轻圆的网球大小的泡儿，**再**轻轻地一（　　），那轻圆的球儿便从管上落了下来，软悠悠地在空中飘游。若用扇子在下面轻轻地（　　），有时能飞得很高很高。

**4.** 你看，冰心用上连接词，用上准确的动词，把吹泡泡的过程写得很生动。你能不看课文，用上连接词，用上这些动词，把吹泡泡的过程说一说吗？先自己练习。（放、和弄、蘸、吹、提、扇送）

**5.** 如果有机会吹泡泡，你想玩吗？

| | | |
|---|---|---|
| 第1自然段 | "我"爱吹泡泡 | |
| 第2、3自然段 | 吹泡泡 | **好玩** |
| 第4自然段 | 扇泡泡 | |
| 第5自然段 | 想泡泡 | |

**1.** 是的，这篇课文我们大致是能读懂的，但有些句子我们还不太理解。老师让你们在预习的时候把不理解的句子写下来。

**2.** 有的句子我们不理解，是因为缺乏相关的科学知识。

> 她说阴雨时节天气潮湿，肥皂泡不容易破裂。

**3.** 把这句话作为不懂的句子写下来，就是不理解"为什么在潮湿的天气肥皂泡不容易破裂"，反复读课文能找到答案吗？（不能）那怎样才能找到答案？

——查阅科学书籍。

——请教他人。

**4.** 老师问了科学老师，他是这样解答的。

> 肥皂泡是一层水膜，水暴露在空气中会蒸发。遇上阴雨天时，空气湿度大，水膜中的水分蒸发得慢，加上阴雨天气压平稳，这就延缓了肥皂泡的破裂。因此，在潮湿的天气，肥皂泡保持的时间长一些。晴天的时候，光照加速了水分的蒸发，泡泡保持的时间就短一些。

第三步：感受吹泡泡、扇泡泡的好玩、有趣

**1.** 有些句子我们不理解，是因为没有相关的生活经验。例如，有些同学在预习单里写到不太理解下面两句话。

> 　　这肥皂泡，吹起来很美丽，五色的浮光，在那轻清透明的球面上乱转。
>
> 　　有时吹得太大了，扇得太急了，这脆薄的球，会扯成长圆的形式，颤巍巍的，光影零乱。

**2.** 不太读得懂这两句话，一是因为我们没在阳光灿烂的日子里吹过肥皂泡，二是因为我们积累的词语还不够丰富，对里面的有些词语有点儿陌生。

> 　　五色的浮光　　　轻清透明　　　颤巍巍　　　光影零乱

**3.** 怎么才能读懂这些句子呢（自己去吹一下肥皂泡呗）可惜在课堂上吹泡泡比较麻烦，吹泡泡的视频也很难找，因此老师找了一些吹泡泡的图片（这些图片由 123RF 提供）。你能结合图片说说你对这些词语的理解吗？

——五色的浮光：肥皂泡上的五颜六色的反光。

——轻清透明：薄薄的，很轻巧，没有杂质。

——颤巍巍：晃晃悠悠，抖动。

——光影零乱：光和影子没有规则地闪动。

**4.** 老师玩过扇泡泡，但是，第4自然段里提到的状况，不是每次都会出现的。如果有机会扇泡泡，你最想看到哪种情形？

> ①这肥皂泡，吹起来很美丽，五色的浮光，在那轻清透明的球面上乱转。
>
> ②若是扇得好，一个大球会分裂成两三个玲珑娇软的小球，四散分飞。
>
> ③有时吹得太大了，扇得太急了，这脆薄的球，会扯成长圆的形式，颤巍巍的，光影零乱。
>
> ④这时大家都悬着心，仰着头，屏住呼吸，——不久，这光丽的薄球就无声地散裂了，肥皂水落了下来，洒到眼睛里，大家都忽然低了头，揉出了眼泪。

**5.** 小结：你看，扇泡泡多有趣啊。我们来练习朗读，把这种趣味读出来。

| | | |
|---|---|---|
| 第1自然段 | "我"爱吹泡泡 | |
| 第2、3自然段 | 吹泡泡 | **好玩** |
| 第4自然段 | 扇泡泡 | **有趣** |
| 第5自然段 | 想泡泡 | |

### ❀ 第四步：结合想象感受吹肥皂泡带来的快乐

**1.** 有的句子我们不理解，是因为觉得不现实、不可思议。

> 　　借着扇子的轻风，把她们一个个送上天去送过海去。到天上，轻轻地挨着明月，渡过天河跟着夕阳西去。或者轻悠悠地飘过大海，飞越山巅，又低低地落下，落到一个熟睡中的婴儿的头发上……目送着她们，我心里充满了快乐、骄傲与希望。

**2.** 你们看看，这肥皂泡到过哪些地方？

——天上、月亮边、天河、夕阳下山处、大海、山巅、婴儿的头发上……

**3.** 天哪，这肥皂泡竟然到过那么多地方，让我们强调这些"地点"来读一读。

> 　　借着扇子的轻风，把她们一个个送上天去送过海去。到**天上**，轻轻地挨着**明月**，渡过**天河**跟着**夕阳**西去。或者轻悠悠地飘过**大海**，飞越**山巅**，又低低地落下，落到一个熟睡中的**婴儿的头发上**……目送着她们，我心里充满了快乐、骄傲与希望。

**4.** 肥皂泡去这些地方可能吗？（不可能）一个肥皂泡一般飞个几米远就破碎了，这段话却说肥皂泡去了那么遥远的地方，太不现实了。是冰心写错了吗？

——不是，这是"我"的想象。

**5.** "我"为什么会有这样的想象呢？这类疑问还是要回到课文里去寻找答案。厉害的读者会联系上下文，联系关键词句来理解。例如下面这些词句。

下雨的时节，不能到山上海边去玩，母亲总教我们在廊子上吹肥皂泡。她说阴雨时节天气潮湿，肥皂泡不容易破裂。

…………

那一个个轻清脆丽的小球，**像一串美丽的梦**，是我们自己小心地轻轻吹起的，吹了起来，又轻轻地飞起，是那么圆满，那么**自由**，那么透明，那么美丽。借着扇子的轻风，把她们一个个送上天去送过海去。到天上，轻轻地挨着明月，渡过天河跟着夕阳西去。或者轻悠悠地飘过大海，飞越山巅，又低低地落下，落到一个熟睡中的婴儿的头发上……目送着她们，**我心里充满了快乐、骄傲与希望。**

——因为冰心小时候下雨天不自由，不能去山上海边玩，所以想象泡泡去山上海边。

——冰心觉得泡泡比自己自由。

——冰心在想象中觉得很快乐。

——所有的都是冰心想象出来的，就像一个美丽的梦。

**6.** 小结：所以，在想象中，"我"觉得很快乐。

| | | |
|---|---|---|
| 第 1 自然段 | "我"爱吹泡泡 | |
| 第 2、3 自然段 | 吹泡泡 | **好玩** |
| 第 4 自然段 | 扇泡泡 | **有趣** |
| 第 5 自然段 | 想泡泡 | **快乐** |

**7.** 这么美丽的想象，冰心也用美的语言书写了出来，让我们练习有感情地朗读。

### 🍀 第五步：梳理总结

　　我们梳理一下，这节课我们努力通过各种方法去理解难懂的句子。有些句子，可以——通过请教他人或查阅资料来理解；有些句子，可以——通过看图片或者自己去体验来理解；有些句子，可以——通过联系上下文来理解。理解以后，我们就进一步理解了冰心写于 1936 年的这篇散文。这篇散文写了"我"爱吹泡泡，因为吹泡泡好玩，扇泡泡有趣，想泡泡快乐。

### 🍀 第六步：巩固字词

**1.** 本课中要求会读的字里，有些字容易读错，我们再来读一读。

> 和弄和弄　　溶化　　蘸上　　黏稠（吹肥皂泡）
>
> 轻清透明　　玲珑娇软　　颤巍巍　　光影零乱　　婴儿（赏肥皂泡）

**2.** 本课中要求会写的字里，如"廊""碗""透""仰"，书写时有哪些地方需要注意呢？

> 廊："阝"的横撇弯钩书写时要连贯。
>
> 碗："宛"宝盖头下面部分要写得紧凑一些，左右两边要互相响应。
>
> 透："禾"要写得宽而扁；"辶"的捺为平捺，要托住里面的"秀"字。
>
> 仰："卬"右边的"卩"起笔与左边的竖提在同一高度。

# 我不能失信

[教学目标]

1. 正确认读"耀""庆""盼""叠""歉"5个生字。
2. 抓住宋庆龄面对的"诱惑",体会人物的品质。
3. 结合课文内容,联系生活实际理解课文结尾宋庆龄说的话。

[教学过程]

**第一步:读课文,了解宋庆龄面对的"诱惑"**

**1.** 作者写这篇文章,其实是要和我们分享做人要有一种品质,什么品质呢?

——讲诚信。

**2.** 这篇课文写了宋庆龄小时候的一件事,告诉我们要讲诚信。宋庆龄是谁呢?我们简单地了解一下。

> 宋庆龄出生于上海,14岁赴美留学。她是孙中山先生的妻子,革命家,中华人民共和国名誉主席。她热爱和平、自由,一生酷爱读书,喜欢喂养鸽子……

**3.** 所以,作者把这件事写下来会不会是因为宋庆龄是名人?小庆龄这件事有什么特别的地方吗？

**4.** 是的，如果一般的孩子都做得到，这件事就不值得写了。而小庆龄这次守信的事一般的孩子做不到，为什么这么说呢？难在什么地方呢？先默读课文并思考，然后小组讨论。

——因为小庆龄早就盼着到这位伯伯家去了。伯伯家养的鸽子非常漂亮！她很想去看一看，这个"诱惑"太强烈了。

——因为爸爸建议小庆龄改天再教小珍，爸爸觉得这样的小事失约一次没关系。

——因为妈妈也觉得失约一次没关系，只要事后道个歉就可以了。

…………

**5.** 你发现了吧，这篇短短的课文，一直在写小庆龄面临的"诱惑"。请大家再从头到尾大声读课文。黑体字部分尤其要注意，这些都是小庆龄曾经面临的考验。

> 一个风和日丽的早晨，宋耀如一家用过早餐，准备到一位朋友家去做客。**二女儿宋庆龄特别高兴，她早就盼着到这位伯伯家去了。伯伯家养的鸽子，尖尖的嘴巴，红红的眼睛，漂亮极啦！伯伯还说准备送她一只呢！**
>
> 她刚走到门口，突然停住了脚步，皱起了眉头。
>
> 爸爸看见了，奇怪地问："庆龄，你怎么不走啦？"
>
> "爸爸，我不能去了！我昨天和小珍约好了，今天她来我们家，我教她叠花篮。"庆龄说。
>
> **"你不是一直想去伯伯家吗？改天再教小珍吧。"父亲说完，拉起庆龄的手就要走。**
>
> "不行！不行！我走了，小珍来了会扑空的，那多不好啊！"庆龄边说边把手抽回来。

"那……回来你去小珍家解释一下，表示歉意，改天再教她叠花篮，好不好？"妈妈在一旁说。

"不，妈妈。您说过，做人要信守诺言。如果我忘记了这件事，见到她时向她道歉是可以的，但我已经想起来了，就不能失信了！"庆龄坚定地说。

"我明白了，我们的庆龄是个守信用的孩子。"妈妈望着庆龄笑了笑，说，"那你就留下来吧！"

送家里人出门后，庆龄一个人回到房间里，耐心地等候着。她一会儿拿起一本书看，一会儿又坐到琴凳上弹钢琴，平时很熟的曲子，今天却总是弹不准。可是，直到家里人吃过午饭回来，小珍也没有来。妈妈心疼地说："我的女儿一个人在家，该多没意思啊！"庆龄仰起脸回答道："一个人在家，是很没劲。可是，我并不后悔，因为我没有失信。"

## 第二步：用多种方法理解难懂的句子，感受人物的品质

**1.** 这个单元，我们主要是学习运用多种方法理解难懂的句子。读完课文，我们就会发现，这篇课文语言通俗、明白，并没有特别难懂的句子，相对比较难理解的只有课文最后两句话。

一个人在家，是很没劲。可是，我并不后悔，因为我没有失信。

**2.** 这样的句子，要比较深入地理解，你们会用什么方法呢？
——联系上下文。
——联系生活中自己的例子。

**3.** 那我们就联系上下文好好来研读一下这两句话。"一个人在家，

是很没劲"，文中哪些句子写出了这半天小庆龄在家很没劲？

——她一会儿拿起一本书看，一会儿又坐到琴凳上弹钢琴，平时很熟的曲子，今天却总是弹不准。

**4.** 如果用一个词语形容小庆龄在家的状态，你会用哪个？
——心不在焉。
——心神不定。

**5.** 小庆龄这么心神不定、心不在焉，你说她心里在想什么呢？同桌讨论一下。
——她在想伯伯家养的鸽子，尖尖的嘴巴，红红的眼睛，漂亮极啦！
——她在想自己家人和伯伯一家人开心聊天、吃饭的样子。

**6.** 老师也在想小庆龄心里会怎样想，老师写了一段话，请你们读一读。

> 早知道就跟着爸爸妈妈去伯伯家啦，我守信用，但小珍不讲诚信啊，害我白等了半天，害我一个人在家里无聊了一个上午，太亏了。

**7.** 小庆龄会不会这样想？（不会）为什么小庆龄不会这么想呢？

**8.** 如果有人问小庆龄"你不后悔吗"，小庆龄会怎么回答呢？让我们站在小庆龄的角度，设身处地地想一想吧。

> "你不是一直想去伯伯家吗？改天再教小珍吧。"父亲说完，拉起庆龄的手就要走。
> **"不行！不行！我走了，小珍来了会扑空的，那多不好啊！"** 庆龄边

说边把手抽回来。

"那……回来你去小珍家解释一下，表示歉意，改天再教她叠花篮，好不好？"妈妈在一旁说。

**"不，妈妈。您说过，做人要信守诺言。如果我忘记了这件事，见到她时向她道歉是可以的，但我已经想起来了，就不能失信了！"** 庆龄坚定地说。

"你看，你今天就应该跟我们去啊，因为很多人不会记得这种约定的小事的，你一点儿都不后悔吗？"

庆龄回答：＿＿＿＿＿＿＿＿＿＿＿＿＿＿＿＿＿＿＿＿＿

＿＿＿＿＿＿＿＿＿＿＿＿＿＿＿＿＿＿＿＿＿＿＿＿＿＿

## 第三步：读句子，巩固字词

最后，我们再来读读下面的句子，注意读准其中的生字。

一个风和日丽的早晨，宋**耀**如一家用过早餐，准备到一位朋友家去做客。

二女儿宋**庆**龄特别高兴，她早就**盼**着到这位伯伯家去了。

"那……回来你去小珍家解释一下，表示**歉**意，改天再教她**叠**花篮，好不好？"

# 第七单元

## 我们奇妙的世界

[ **教学目标** ]

　　1. 学习借助课文结构图,把握课文内容。

　　2. 发现作者把普通事物变为奇妙的语言的秘密。

　　3. 感受世界的奇妙,尝试从普通的事物中发现美。

[ **教学过程** ]

**❖ 第一步:理清课文思路**

　　**1.** 我们生活的这个地球,就是我们的世界;我们在生活中看到的所有事物,都是我们的世界的一部分。你的生活中最常见的是哪些事物?

　　**2.** 是啊,我们的世界中事物太多太多,课文选择了哪些事物来写?请同学"开火车"读课文。其他同学认真听,听的同时把事物的名称圈出来。

　　**3.** 课文选择了哪些事物来写?请你先读句子,然后用一个词语简洁地说出来。("秋天带着金黄色的光辉神奇地到来了,那时,道路上好像洒满了光芒。"这句话其实在写树叶。)

　　(根据学生的回答,把相应的词语卡片贴到黑板上)

| | 天空 | | | 大地 | | |
|---|---|---|---|---|---|---|
| | 太阳 | 群星 | | 植物 | 水果 | 树叶 |
| 我们奇妙的世界 | 云彩 | 雨点 | 水洼 | 大树 | 蝴蝶 | 鸟儿 |
| | 余晖 | | | 冰雪 | | |

**4.** 我们来读这些词语，把它们读准确。

**5.** 这些事物你们见过吗？水洼、余晖是什么？

——水洼：低凹的积水的地方。

——余晖：傍晚的阳光。

**6.** 如果课文写这些事物的时候，和黑板上一样，喜欢放在哪里就放在哪里，喜欢先写什么就先写什么，我们还能读懂吗？（不能）是的，课文是有条理地把这些事物写清楚的。我们先把这些事物分一下类。请默读课文，想一想：课文是怎么分类的？默读的时候抓住关键的、有提示作用的句子。

**7.** 请一位同学到黑板上把卡片的位置移一移，并说明移动的原因。

| | 天空 | | | 大地 | | |
|---|---|---|---|---|---|---|
| | 太阳 | 群星 | | 植物 | 水果 | 树叶 |
| 我们奇妙的世界 | 云彩 | 雨点 | 水洼 | 大树 | 蝴蝶 | 鸟儿 |
| | 余晖 | | | 冰雪 | | |

**8.** 为了让介绍更有条理，除了分类，作者还有第二个办法——排序。怎么排序呢？请你先默读课文第 2～8 自然段，圈出表示时间的词语或者句子。

**9.** 请一位同学根据时间顺序，到黑板上把这些卡片重新排一排，并说明理由。

|  |  | 天空 |  |  |  | 大地 |  |  |
|---|---|---|---|---|---|---|---|---|
|  | 清晨 | 太阳 |  |  | 春天 | 植物 | 水果 |  |
| 我们奇妙 | 白天 | 云彩 | 雨点 | 水洼 | 夏日 | 大树 |  |  |
| 的世界 | 傍晚 | 余晖 |  |  | 秋天 | 树叶 | 蝴蝶 | 鸟儿 |
|  | 夜晚 | 群星 |  |  | 冬天 | 冰雪 |  |  |

——课文是按照时间顺序写天空的：清晨、白天、傍晚、夜晚。
——课文是按照时间顺序写大地的：春天、夏日、秋天、冬天。

**10.** 小结：世界是奇妙的，课文是怎么把奇妙世界中的事物写清楚的？主要抓住了两个方面来写，一个是天空，一个是大地。又是从哪几个方面把天空和大地写清楚的？写天空，是从清晨、白天、傍晚和夜晚四个方面来写的；写大地，是从春天、夏日、秋天和冬天四个方面来写的。每个方面，又选择了不同的事物来写。

❖ **第二步：感受变化，发现事物的奇妙**

**1.** 我们先来读这两段描写云彩的句子。

> 有时，云彩在蓝色的天空中飞行，如同经过雕饰一样，呈现出各种奇妙的形状，告诉我们许多奇妙的故事……
> 当云彩变得又黑又重时，雨点就会噼噼啪啪地降落到大地上。

**2.** 在作者眼中，云彩很奇妙。奇妙在哪里？

——奇妙在它会变出各种形状，好像在给人们讲故事。

**3.** 我们来看一些云彩的图片，在生活中你看到过特别的云彩吗？说来听听。

**4.** 在这篇课文中，作者没有将云彩的形态多变展开来写。有一位作家叫萧红，她写过天上云彩的多变，我们来读一下。

> 一会儿，天空出现一匹马，马头向南，马尾向西。马是跪着的，像等人骑上它的背，它才站起来似的。过了两三秒钟，那匹马大起来了，腿伸开了，脖子也长了，尾巴却不见了。看的人正在寻找马尾巴，那匹马变模糊了。
>
> 忽然又来了一条大狗。那条狗十分凶猛，在向前跑，后边似乎还跟着好几条小狗。跑着跑着，小狗不知哪里去了，大狗也不见了。
>
> 接着又来了一头大狮子，跟庙门前的石头狮子一模一样，也那么大，也那样蹲着，很威武很镇静地蹲着。可是一转眼就变了，再也找不着了。
>
> ——《火烧云》

**5.** 现在你应该感受到云彩的奇妙了吧。我们再来读刚才这两个句子，注意语速和节奏的变化。

**6.** 请自己读课文。你还发现哪些事物在变化？它们是怎么变的呢？

——我发现余晖在变化，在不断变幻颜色。

——我发现植物在变化，极小的一粒种子种到地里，生根、发芽、开花、结果。

——我发现树叶在变化，春天、夏天、秋天的树叶是不一样的。

——我发现冰雪在变化，它从锋利的刀剑变成了一颗颗珍珠。

（根据学生的回答，随机指导学生朗读相关段落）

**7.** 小结：这些事物在我们眼里，似乎是不变的，似乎是不动的，似乎是不生长的。其实，它们在不断地变化，不断地生长，每个事物似乎都是有生命的。于是，这些普通的事物就变得奇妙了。

🌸 **第三步：抓住联想，感受事物的奇妙**

---

雨后，我们会看到地上有许多水洼，就**像有趣的镜子**，映射着我们的脸。

黑夜降临了，我们看见夜空中群星闪烁，就**像千千万万支极小的蜡烛在发光**。

秋天带着金黄色的光辉神奇地到来了，那时，道路上**好像洒满了光芒**。

冬天，我们看到了房檐上垂下的冰柱，它们**好像一把把锋利的刀剑在阳光下闪耀**。等到积雪融化时，从房檐上落下的小水滴，就**像一颗颗珍珠**。

---

**1.** 我们先把这些句子读准确，读流利。

**2.** 这些句子有一个共同点，你发现了吗?
——都用了比喻的修辞手法。
——都表明作者非常善于联想。

**3.** 是啊，水洼、群星、金黄的树叶、冰柱、从房檐上落下的水滴，很多我们都看见过，如果没有仔细观察，没有大胆联想，它们就是一些普通的事物。而有了联想，它们就有生命了，它们就变得奇妙了。这些联想中，你最喜欢哪一处？说说你的理由。

——我最喜欢"我们会看到地上有许多水洼，就像有趣的镜子，映射着我们的脸"。因为镜子里映射的脸是会变的，这让原本普通的小水洼有了变化和动感。

——我最喜欢"夜空中群星闪烁，就像千千万万支极小的蜡烛在发光"。这里的"千千万万支极小的蜡烛"写出了夜空中隐隐约约闪烁着的很多微微的亮光的美。

——我最喜欢"冬天，我们看到了房檐上垂下的冰柱，它们好像一把把锋利的刀剑在阳光下闪耀"。这句联想让我仿佛走进了一个童话世界里的冰雪王国。

**4.** 我们来重读这些句子，把我们的感受读出来。

### 🍀 第四步：选择事物写片段

在这个世界中，奇妙的事物是无穷的，只要我们去寻找。请你选择一个事物写一小段话，写出它的奇妙。

### 🍀 第五步：巩固字词

**1.** 认读词语。（注意多音字"劲"，注意"幻"和"幼"的字形辨析）

| | | | | |
|---|---|---|---|---|
| 呈现 | 雕饰 | 变幻 | 蜡烛 | 劲吹 |
| 光辉 | 光芒 | 余晖 | 闪烁 | 闪耀 |

**2.** 抄写词语，注意易错字。

# 海底世界

[ **教学目标** ]

1. 学习本课的生字词，读准多音字"差"，结合语境理解"窃窃私语"等词语的意思。
2. 抓住关键语句，梳理主要内容，了解课文是从哪些方面来介绍海底世界"景色奇异"和"物产丰富"的。
3. 学会抓住重点词语、重点句理解一段话。

[ **教学过程** ]

### ♣ 第一步：检查字词

**1.** 我发现很多同学在预习时圈出了容易读错的词语，一起来读一读这些词语。

> 警报　　差异　　海藻　　储量

**2.** 辨析多音字"差"，选填读音。

> chà　　chā　　chāi
>
> 海底的植物差（　　）异也很大。
>
> 刘老师这个星期出差（　　）了，要下周一才回来。
>
> 姐姐的这幅画差（　　）不多可以完工了。

**3.** 读好这些四字词语。(随机引导学生理解"景色奇异""物产丰富")

波涛澎湃　　窃窃私语　　伸缩爬行

长途旅行　　景色奇异　　物产丰富

### ❖ 第二步：抓住关键语句，梳理主要内容

**1.** 请自由读读课文，找一找：这些四字词语中，哪两个可以概括整篇课文的内容？

——景色奇异、物产丰富。

**2.** 为什么你能这么快就找到这两个关键词？

——课文最后一个自然段就有一个总结全文的句子："海底真是个景色奇异、物产丰富的世界。"里面就有这两个关键词。

——我还发现课文第 1 自然段提出了一个问题："你可知道，大海深处是怎样的吗？"课文结尾回答了这个问题。课文中间就是围绕"景色奇异""物产丰富"来具体介绍的。

**3.** 是的，这篇课文很有趣，作者在开头直接提出了一个问题，在结尾回答了这个问题。这样有问有答，我们把它叫作——设问。(板书：设问)下面，我们就尝试把这两句话读好，读出设问的语气。

你可知道，大海深处是怎样的吗？

海底真是个景色奇异、物产丰富的世界。

**4.** 围绕"景色奇异""物产丰富",课文是从哪些方面来介绍海底世界的呢?请你默读课文第2~6自然段,找出关键语句填写在相应的横线上。

> 你可知道,大海深处是怎样的吗?
>
> _____
>
> _____
>
> _____
>
> _____
>
> _____
>
> 海底真是个景色奇异、物产丰富的世界。

**5.** 填写后交流:我们发现第3、4、5自然段可以直接摘录关键语句来概括,第2、6自然段的关键语句是需要修改的,你能说说你是怎么概括这两个自然段的吗?

——我在读第2自然段时,先看每一句话分别讲什么,发现中间部分都在讲海底光线的变化,所以我就概括成"海底的光线是有变化的"。

——我发现第6自然段只有一句话,这句话中的"煤""铁""石油""天然气""稀有金属"都属于矿产资源,所以就概括为"海底的矿产资源很丰富"。

**6.** 通过梳理,课文的结构已经非常清楚了。现在你知道写"景色奇异"的是哪几个自然段,写"物产丰富"的是哪几个自然段吗?

> 你可知道,大海深处是怎样的吗?
>
> <u>海底的光线是有变化的。</u>
>
> <u>海底的动物常常在窃窃私语。</u>

> 海里的动物，各有各的活动方法。
>
> 海底的植物差异也很大。
>
> 海底的矿产资源很丰富。
>
> 海底真是个景色奇异、物产丰富的世界。

——我知道第2、3自然段写"景色奇异"，第4～6自然段写"物产丰富"。

### 🍀 第三步：聚焦段落，感受"景色奇异"

**1.** 那课文是怎样把"景色奇异"写具体的呢？默读第2、3自然段，找一找哪些地方让你觉得奇异。请你选择其中一个自然段和同学说说自己的看法。（学生自由说）

——我觉得"海面上波涛澎湃的时候，海底依然很宁静"这个现象很奇异。

——我发现有些深水鱼，它们自身就有发光器官，游动起来像闪烁的星星，写得很有趣。鱼还会发光，在幽暗的海底就像星星一样，多神奇啊。

——我觉得海底的动物会发出各种声音，很奇异。

…………

**2.** 听了大家的说法，老师也想来介绍海底动物的声音，比较一下老师的介绍和课文的介绍，你更喜欢哪一种？为什么？

> 你用水中听音器一听，就能听见各种声音：**有的嗡嗡，有的啾啾，有的汪汪，还有的好像在打鼾**……它们吃东西的时候发出一种声音，行进

的时候发出另一种声音，遇到危险还会发出警报。

　　海底是否没有一点儿声音呢？不是的。海底的动物常常在窃窃私语。你用水中听音器一听，就能听见各种声音：**有的像蜜蜂一样嗡嗡，有的像小鸟一样啾啾，有的像小狗一样汪汪，还有的好像在打鼾……**它们吃东西的时候发出一种声音，行进的时候发出另一种声音，遇到危险还会发出警报。

　　——我喜欢课文的介绍，课文用"有的像蜜蜂一样嗡嗡，有的像小鸟一样啾啾，有的像小狗一样汪汪，还有的好像在打鼾……"，不仅写出了海底的动物声音很多，而且用我们熟悉的蜜蜂、小鸟、小狗来比喻，声音就更具体了。

　　——我喜欢课文的介绍，课文说："海底的动物常常在窃窃私语。"从"窃窃私语"这个词语，可以看出海底世界除了声音多，声音还很轻，而且把海底的动物当作人来写很有趣。（随机引导学生理解"窃窃私语"）

**3.** 是啊，这些声音轻得要带上水中听音器才可以听到呢。我们该怎么读呢？（指导学生朗读）

**4.** 海底的动物还会发出怎样的声音？能够用"有的像……有的像……还有的像……"句式说说吗？（让学生用这一句式练习说话）

### ❖ 第四步：梳理"活动"，体会"物产丰富"

**1.** 围绕"物产丰富"，作者分别介绍了海底的动物的活动方法、植物的差异和矿产的丰富。我们先来看看动物部分。（出示第4自然段，让学生齐读）

> **海里的动物，各有各的活动方法。** 海参靠肌肉伸缩爬行，每小时只能前进四米。有一种鱼身体像梭子，每小时能游几十千米，攻击其他动物的时候，比普通的火车还快。乌贼和章鱼能突然向前方喷水，利用水的反推力迅速后退。还有些贝类自己不动，却能巴在轮船底下作免费的长途旅行。

**2.** 作者又是怎么围绕关键句来具体介绍动物的活动方法的呢？请你依据这张表格把这些动物的活动方法梳理出来。

| 动物 | 活动方法 |
| --- | --- |
| 海参 | 靠肌肉伸缩爬行，每小时前进四米 |
| 梭子鱼 |  |
| 乌贼和章鱼 |  |
| 有些贝类 |  |

**3.** 交流：通过对动物的活动方法进行梳理，你有什么发现？

——我发现作者是用对比的方法来写这些动物的活动方法的。比如，把海参活动的慢和梭子鱼活动的快作对比，让人印象深刻。

——作者不仅作了对比，还用了具体的数字"四米""几十千米"来告诉我们海参的活动有多慢，梭子鱼的活动有多快，特别形象。

——写有些贝类的活动，说它们是"巴在轮船底下作免费的长途旅行"，形象地写出了它们的活动可悠闲了。（随机换词引导学生理解"长途旅行"）

·············

**4.** 小结：作者先概括地写"海里的动物，各有各的活动方法"，再通过列具体的数字、举例子和作比较等方法介绍海底一些动物的活动方法。这就是我们以前学过的一种构段方式——先概括后具体（先总后分）。

**5.** 了解了这种先概括后具体的写法，我们就可以自己去读读第 5 自然段，再用自己的话说说作者又是怎么把"海底的植物差异也很大"写具体的。（让学生自主交流）

### 🌸 第五步：指导书写

观察生字的间架结构，说说书写时需要注意的地方。

——官："宀"宜宽，要盖住下面部分；下面部分竖要偏左，横的间距要均匀。

——参：上面部分小，中间撇捺舒展，下面部分三撇依次渐长。

——推：右面部分是"隹"，不是"住"，注意横画之间的距离不是均匀的，第二个和第三个横画之间距离较近。

——迅：" 卂"大小要与"辶"相适应；"辶"的捺要平，向右伸展。

# 火烧云

[教学目标]

1.随文识字，认识本课的 8 个生字，会写"威""武"等字。

2.通过圈画关键词句，整合相关语句，发现火烧云颜色多、变化快、形状多的特点，并了解作者是如何写清楚这些特点的。

3.通过分类、仿说，积累描写颜色的不同词语。仿写火烧云变化快的特点，感受火烧云的绚丽多彩。

[教学过程]

### 第一步：了解火烧云

**1.** 课文中有一句话向我们解释了"火烧云"，读课文，把这句话找出来。

> 天上的云从西边一直**烧**到东边，红彤彤的，好像是天空着了火。

**2.** 云真的烧起来了吗？（出示火烧云的图片，让学生直观感受火烧云）

——云没有烧起来。是云很红，好像是天空着了火。

**3.** 还可以从哪些词句中看出云很红？（读课文，找一找，随机

正音）

| | |
|---|---|
| 脸 | 红红的 |
| 大白狗 | 红的 |
| 红公鸡 | 金的 |
| 黑母鸡 | 紫檀色的 |
| 小白猪 | 小金猪 |
| 白胡子 | 金胡子 |

**4.** 我们一起来读读这段话。老师把这段话变一变，请你比较着读读，你有什么发现?

晚饭过后，火烧云上来了。霞光照得小孩子的脸红红的。大白狗变成红**的了**。红公鸡变成金**的了**。黑母鸡变成紫檀色**的了**。喂猪的老头儿在墙根靠着，笑盈盈地看着他的两头小白猪变成小金猪**了**。他刚想说"你们也变**了**……"，旁边走来个乘凉的人对他说："您老人家必要高寿，您老是金胡子**了**。"

晚饭过后，火烧云上来了。霞光照得小孩子的脸红红的。大白狗变成了红色。红公鸡变成了金色。黑母鸡变成了紫檀色。喂猪的老头儿在墙根靠着，笑盈盈地看着他的两头小白猪变成小金猪。他刚想说"你们也变了……"，旁边走来个乘凉的人对他说："您老人家必要高寿，您老的胡子是金色的。"

——上面一段写颜色的句子里有"的了"或"了"，下面一段中没有。（根据学生的交流，在课件上突出"的了"和"了"）

——有"的了"或"了"的句子更口语化，读起来更有趣。（指导学

生朗读：在这里"了"的读音可以适当延长，读成近似"啦"的音）

**第二步：梳理、概括火烧云的特点**

**1.** 这篇课文一共有七个自然段，只写了火烧云很红吗？写了火烧云的几个特点呢？（三个）

**2.** 刚才说写了三个特点，老师把这篇课文分成了这样三个部分，如果你在心里把课文也分成了这样三个部分，要给自己鼓鼓掌。

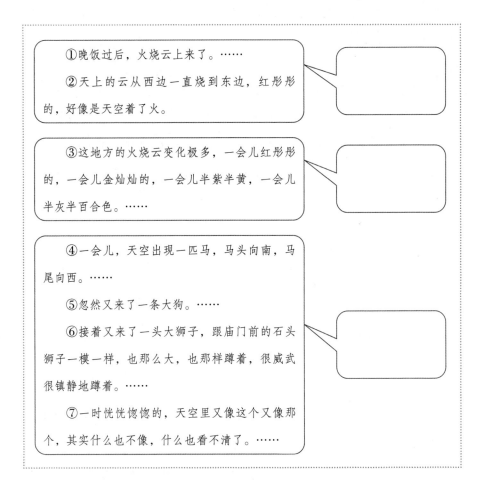

①晚饭过后，火烧云上来了。……

②天上的云从西边一直烧到东边，红彤彤的，好像是天空着了火。

③这地方的火烧云变化极多，一会儿红彤彤的，一会儿金灿灿的，一会儿半紫半黄，一会儿半灰半百合色。……

④一会儿，天空出现一匹马，马头向南，马尾向西。……

⑤忽然又来了一条大狗。……

⑥接着又来了一头大狮子，跟庙门前的石头狮子一模一样，也那么大，也那样蹲着，很威武很镇静地蹲着。……

⑦一时恍恍惚惚的，天空里又像这个又像那个，其实什么也不像，什么也看不清了。……

**3.** 你能把火烧云的三个特点概括出来吗？（让学生作批注）

**4.** 下面是两个同学的概括，你觉得哪一个更准确、更全面呢？

| | |
|---|---|
| 火烧云很红<br><br>火烧云颜色多<br><br>火烧云形状多 | **火烧云很红**<br><br>**火烧云颜色多、变化快**<br><br>**火烧云形状多、变化快** |

### ❖ 第三步：感受火烧云的颜色多、变化快

**1.** 你是从哪些地方读出火烧云"颜色多"的？（不要满足于只说出一处，要尽可能找全）

**2.** 课文里出现了许多颜色词，圈出这些颜色词，把它们分成三类。

> 红彤彤　　金灿灿
>
> 半紫半黄　　半灰半百合色
>
> 葡萄灰　　梨黄　　茄子紫

—— 第一类：ABB。

—— 第二类：半（　　）半（　　）。

—— 第三类：（事物）+（颜色）。

**3.** 你怎么理解"半紫半黄""半灰半百合色"？（不是说这块云一半紫色，一半黄色；一半灰色，一半百合色）

**4.** 这样的颜色词，你还能分别说一些吗？

**5.** 刚才说了，这篇课文不仅写出了火烧云颜色多，还写出了火烧云颜色变化快，你是从哪里感受到火烧云颜色变化快的？（一会儿……一会儿……）

> 这地方的火烧云变化极多，**一会儿**红彤彤的，**一会儿**金灿灿的，**一会儿**半紫半黄，**一会儿**半灰半百合色。葡萄灰、梨黄、茄子紫，这些颜色天空都有。还有些说也说不出来、见也没见过的颜色。

### 第四步：体会火烧云的形状多、变化快

**1.** 读课文中的相关片段，找一找火烧云先后变成了什么。
—— 变成了一匹马，变成了一条大狗，变成了一头大狮子。

**2.** 火烧云的形状变化快，你从哪里可以感受到？（学生交流后指导他们朗读）

> 一会儿……过了两三秒钟……看的人正在寻找马尾巴，那匹马变模糊了。
> 忽然又……跑着跑着，小狗不知哪里去了，大狗也不见了。
> ……一转眼就变了，再也找不着了。
> ……天空里又像这个又像那个……

**3.** 想象一下火烧云还会变成什么。请你按照课文"出现—样子—变化—消失"的顺序写一写。

## 第五步：指导书写

我们来看这一课中要求会写的字，大家说说看书写时要注意什么。

——左窄右宽：灿、骑、秒、猛。

——半包围结构：凶、庙。

——易错字：威、武。

# 慢性子裁缝和急性子顾客

[教学目标]

1. 学习生字词，读准多音字"缝"和"夹"，规范书写"衬""衫"。

2. 借助时间梳理故事表，并依据表格有条理地复述故事大意。

3. 有感情地朗读对话，并学会串联对话，把故事讲生动。

[教学过程]

### ❖ 第一步：梳理字词

**1.** 下面这些词语是这个故事中的，我们来读一读，读准字音。

> 棉袄　　**夹袄**　　短袖衬衫　　春装
>
> 慢性子裁缝　　急性子顾客

**2.** 这个故事中，还有容易读错的字吗？

### ❖ 第二步：关注故事里的时间

**1.** 这么长的故事讲下来有点儿难，课后的这张表格提醒我们，复述这个故事时可以抓住什么呢？（时间）

| 时间 | 急性子顾客的要求 | 慢性子裁缝的反应 |
|---|---|---|
| 第一天 | | |
| 第二天 | | |
| 第三天 | | |
| 又过了一天 | | |

**2.** 你能在故事中很快找到这些时间词吗？

**3.** 这么长的一个故事，其实就发生在四天的时间里，这也说明顾客是个急性子。

🔹 **第三步：梳理表格**

在这四天里，急性子顾客的要求分别是什么呢？慢性子裁缝答应了吗？请默读课文，圈画关键词，填写表格。

🔹 **第四步：根据表格练习有条理地复述**

**1.** 对照这张表格，你们可以把这个故事大致讲下来吗？如果不说具体的对话，还是可以试试的。老师先示范复述发生在"第一天"的事情。

> 一天，一位顾客急匆匆地走进一家裁缝店。他告诉裁缝，自己想尽快做一件棉袄。慢性子裁缝说自己做的活儿最适合他这种顾客，于是把那位顾客说服了。

**2.** 请你们练习复述发生在后面三天的故事。

**1.** 但是这样讲故事不好听。讲的时候，如果能够模拟人物说话，故事就会好听得多。我们选人物说话少的一天来试试。

**2.** 我们把"第二天"急性子顾客和慢性子裁缝的对话画下来。

**3.** 写故事的时候，如果人物说的话比较长，我们往往用提示语打断。

> 不料，这位顾客第二天又跑到裁缝店来，说："我不做棉袄了！"
>
> "等到明年冬天，时间实在太长啦。**顾客提出**，"把我那棉袄里的棉花拽掉，改成夹袄，让我提前在秋天就能穿上合时的新衣服吧。"
>
> "不要棉花了，行啊。**裁缝答应了**，"为您服务，没说的！"

**4.** 讲故事的时候，可以把一个人说的话合在一起。

> 不料，这位顾客第二天又跑到裁缝店来，说："我不做棉袄了！等到明年冬天，时间实在太长啦。把我那棉袄里的棉花拽掉，改成夹袄，让我提前在秋天就能穿上合时的新衣服吧。"
>
> "不要棉花了，行啊。为您服务，没说的！"裁缝答应了。

**5.** 我们先试着把这段对话读好。

（1）先读准确，注意"拽掉""夹袄"等词语的读音。

（2）通过语速的变化读出"急性子"和"慢性子"。（顾客的话读得快一点儿，裁缝的话读得慢一点儿）

（3）通过语气的变化读出"急性子"和"慢性子"。

**6.**但"读"故事和"说"故事是不一样的，下面，试着不看书说说"第二天"发生的事。

### 第六步：练习复述

**1.**试着用上面的方法说说其余三天发生的事，可以选择自己喜欢的一天，也可以全文复述。

**2.**谁愿意选择其中一天在大家面前复述？大家来说说他的复述的优点以及改进建议。

# 方帽子店

[教学目标]

1. 学习本课的生字，读准"嚷""溜"两个多音字。

2. 根据故事前后的变化，梳理方帽子店的命运，简单复述故事。

3. 能抓住故事中的"意想不到"——孩子与大人不同的表现，把故事讲生动。

[教学过程]

### 第一步：了解方帽子的特点

**1.** 这是一个和帽子有关的故事，所以出现了很多和帽子有关的词语。我们来读一读。

> 方帽子　圆帽子　尖的
>
> 香蕉形的　碗形的　圆筒形的

**2.** 这个故事中，还有一些多音字需要注意。

> 嚷 { 嚷嚷 / 叫嚷 　　溜 { 溜走 / 一溜烟 }

**3.** 这么多帽子，哪一种最奇怪？（方帽子）故事里有这么一句话，我们来读一读。

> 他们圆圆的脑袋藏在方帽子里，紧的地方太紧，宽的地方太宽，冬天戴着不太暖，夏天戴着却热得满头汗。

（让学生配上动作读）

### ❖ 第二步：梳理方帽子店的命运

这是个转变的故事，关于方帽子店命运转变的故事。方帽子店前后发生了什么变化呢？你能根据这个故事回答下面的问题吗？

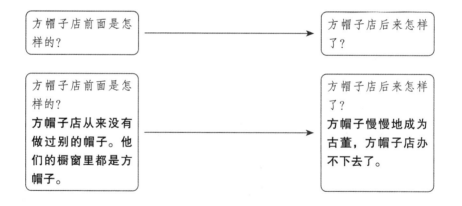

### ❖ 第三步：复述故事

**1.** 发生了什么事，让方帽子店生意做不下去了？（根据学生的回答梳理、概括：中间主要发生了两件事——小孩子们尝试戴圆帽子，方帽子店对面开了一家新帽子店）

| 方帽子店前面是怎样的？**方帽子店从来没有做过别的帽子。他们的橱窗里都是方帽子。** | 小孩子们戴圆帽子 | 方帽子店对面开了一家新帽子店 → | 方帽子店后来怎样了？**方帽子慢慢地成为古董，方帽子店办不下去了。** |

**2.** 你能根据这个板书简单复述一下这个故事吗？（学生练习复述，老师指名学生复述，师生评价复述）

**3.** 如果要把这个故事复述得具体一点儿，讲中间两件事的时候，你觉得哪些地方需要强调、展开一下？

——故事里孩子们的表现让人意想不到的地方可以强调一下。

——故事中大人和孩子行为的不同之处可以展开来说。

（1）先来看第一件事：当小孩子们带上圆帽子时，最让你意想不到的是什么？

——方帽子店老板的儿子也戴了一顶圆帽子。

（2）面对这个意想不到的情况，故事里大人和孩子的表现可不一样。找出大人和孩子的不同表现。（师生对读大人和孩子的表现）

> 方帽子店的主人大吃一惊。最让他吃惊的是，自己的儿子也戴了一顶圆帽子！
>
> "快快把它丢掉！"方帽子店的主人抓起圆帽子，丢在地上。
>
> **"我要！我要！"儿子嚷嚷着。**
>
> "不懂事的孩子！好好的方帽子不戴，要戴圆帽子！"
>
> **儿子不理他，拾起圆帽子戴在头上，一溜烟似的跑了。**

（3）圈出描述大人和孩子不同表现的关键词，根据他们的不同表现试着用自己的话讲一讲这件事。

> 大人：大吃一惊　抓起　丢在地上
>
> 孩子：嚷嚷着　不理他　拾起　一溜烟似的跑了

（4）找出第二件事中大人和孩子的不同表现，也来讲一讲。（学生练习复述，教师指名学生复述，师生评价复述）

### ❖ 第四步：讨论故事中的道理

**1.** 你同情方帽子店的老板吗？

**2.** 你觉得下面哪些人的行为和方帽子店老板的差不多？

> A. 小梅只用老师教的那一种方法去解答所有的数学题，而不另外去思考。
>
> B. 妈妈每天早上都让我吃一个鸡蛋，说是补钙。
>
> C. 育婴店里只卖一个牌子的奶粉。
>
> D. 小区门卫坚持让我们把垃圾分类了才能扔进垃圾桶。

**3.** 所以这个故事告诉我们一个道理，关于这个道理，你觉得下面哪一句话说得最好？

> A. 我们要坚持自己的想法，不要随意改变。
>
> B. 当旧的事物已不合适时，应该改变就要改变，不能墨守成规。
>
> C. 适合自己的东西才是最好的。
>
> D. 孩子的想法总比大人的正确。

# 漏

[教学目标]

1.学习本课的生字词，读准字音，读通课文。了解故事里的"漏"。

2.借助课后示意图，根据故事地点的变化提取关键信息，理清故事内容，感受故事的趣味性。

3.借助提示，结合故事中的人物及其语言、动作、心里的想法练习复述故事。

[教学过程]

### ❖ 第一步：聊聊故事里的"漏"

1.同学们，这节课我们来学习一个有趣的民间故事《漏》。你喜欢这个故事吗？哪里让你喜欢？（让学生自由说）

2.在老虎眼里，"漏"是怎样的？在贼眼里，"漏"又是怎样的？默读课文，圈出关键词。

3.在老虎和贼眼里，"漏"分别是怎样的？填写阅读单。

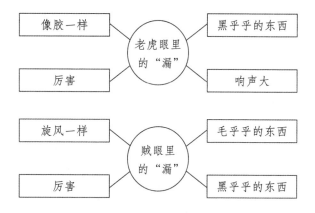

**4.** 这里有几个词语容易读错，我们来巩固一下。

粘　胶　旋风　厉害

🌸 **第二步：借助示意图发现故事地点转移的规律**

**1.** 这么有趣的民间故事，我们可以讲给别人听。但故事很长，要把它讲下来，非常不容易，所以编辑叔叔、阿姨做了一张示意图帮助我们讲故事。（出示课文后面的示意图，只保留左边的图，右边的文字隐去）这张示意图上只有图，你看懂了吗？能帮到我们吗？

——这幅图提示我们讲故事时要按地点变化来讲。

——这幅图告诉我们这个故事主要发生在五个地方。

**2.** 故事发生的地点是有规律的，你发现了吗？

——故事开始的地方是老屋，结束的地方也是老屋。

——故事发生的地点是对称的：屋子—路上—歪脖子老树前—路上—屋子。

**3.** 小结：是的，要在不看书的情况下讲故事，就是要不断地发现规律，发现规律之后，故事就会好讲很多。记住，故事发生的地点是屋子—路上—歪脖子老树前—路上—屋子。

### ❀ 第三步：粗略讲故事

**1.** 各个地点究竟发生了什么呢？请你们再去读这个故事，待会儿选一个地点用自己的话说一说。（要说得很具体，说得和书本上一模一样，几乎是不可能的，这也不是讲故事了，所以，你只要用自己的话说一说就行了）

**2.** 现在，我们把这张示意图再完善一下。（出示课后完整的示意图）你能用自己的话把这个故事简单讲下来吗？

**3.** 老师示范讲一遍。

> 老公公和老婆婆在屋子里说"漏"，吓跑了老虎和贼。老虎驮着贼，贼骑着老虎跑了一路。跑到一棵歪脖子老树前老虎把身子一歪，贼就蹿上了树。后来，老虎和贼又在树下相遇，他俩都滚下了山坡。老虎和贼都以为对方是"漏"，一起吓昏了过去。屋子里，老公公和老婆婆再次说"漏"。

**4.** 你能像老师这样粗略地讲讲这个故事吗？练习一下。

**5.** 谁来试试看？（指名学生练习）

### ❀ 第四步：比较具体地讲故事

**1.** 其实我们粗略讲的时候，大家应该已经发现这个故事的另外一个规律了，什么规律？

——具体的细节也是对称的。

——就是讲一下老虎，再讲一下贼。

**2.** 这个"发现"太重要了，我们来读读这些"对称"的细节。你看下面这段话，老虎—贼—老虎—贼，说完老虎，后面肯定说贼。

> 山上住着一只**老虎**，山下住着一个**贼**。
>
> **老虎**嘴馋，一心想着吃这头小胖驴；**贼**手痒，一心想着偷这头小胖驴。

**3.** 老虎—贼—老虎—贼，说完老虎，后面肯定说贼，而且老虎和贼的动作也是差不多的。我们来读这段话。

> 一天晚上，下着蒙蒙小雨。**老虎**来了，**贼**也来了。**老虎**用爪在墙壁上抓，**贼**用手在屋顶上挖，不一会儿，墙被**老虎**抓了个窟窿，屋顶被**贼**挖了个窟窿。老虎钻进驴圈，贼也正想往下跳。

**4.** 老虎和贼，不仅动作差不多，想法也基本一样。我们来读一读，读出语气。

> **老虎**趴在驴圈里想："翻山越岭我什么都见过，就是没见过'漏'，莫非'漏'比我还厉害？"
>
> **贼**蹲在屋顶上想："走南闯北我什么都听说过，就是没听说过'漏'，莫非'漏'比我还厉害？"
>
> 前边有棵歪脖老树，**老虎**想："'漏'真厉害，像胶一样，粘住我了。"

到树跟前，得把它蹭下来，好逃命。"

　　**贼**也想："'漏'真厉害，旋风一样，停都不停，一定是驮到家再吃我。到树跟前，得想法蹿上去，好逃命。"

**5.** 如果你记忆力好，又反复读了这个故事，你就可以挑战具体一点儿讲这个故事。老师示范讲第一次发生在屋子里的部分。

**6.** 根据老虎和贼的对应规律，选一个或几个地点，回家练习把故事讲具体。

❀ **第五步：开展讲故事比赛**

后面我们要开展讲故事比赛，请大家自己先去练习。

| 能按照地点变换的规律简要讲故事 | ☆ |
|---|---|
| 能根据故事中的对应规律，选择一处情节讲具体 | ☆☆☆ |
| 能根据故事中的对应规律，完整、生动地复述整个故事 | ☆☆☆☆☆ |

# 枣　核

[教学目标]

　　1.聚焦枣核的"小"，理清脉络，梳理故事情节，学习复述故事的主要内容。

　　2.在梳理、复述过程中关注主要情节，抓住一些细节把故事讲好听。

　　3.理清故事发展的顺序，了解复述故事要有详有略。

[教学过程]

#### 第一步：推荐故事

　　有一类故事，主人公是巨人，例如《巨人的花园》。有一类故事，主人公是"小人"，例如《拇指姑娘》《地板下的小人》，例如今天我们要读的《枣核》。

#### 第二步：梳理故事，练习复述主要情节

　　**1.**在现实生活中，很少有人愿意这么"小"，为什么？

　　**2.**所以，在故事里，枣核的爹娘也表示了自己的担忧。找出来。（让学生读出爹娘说话时担忧的语气）

> 一年又一年，枣核一点儿也不见长，爹说：“枣核呀，你真叫我白欢喜了一场！”娘说：“枣核呀，你一点儿不见长，我真为你愁得慌！”

**3.** 可是在这个故事里，“小”竟然成了优势。请你再读这个故事，找一找，“小”给枣核带来了哪些便利？（让学生自由说）

**4.** 在这个故事里，枣核能把牛、驴赶回村子，能捉弄县官和衙役，就是因为他长得小。如果老师讲这个故事，像下面这样讲，你觉得好听吗？

> 枣核大声吆喝把牛、驴赶回村子，衙役就是看不见。
> 县官命令衙役抓住枣核，衙役就是抓不到。
> 县官命令衙役打枣核，衙役就是打不到。

**5.** 小结：对啊，有些故事，少了一些细节，就不好听了。想要成为讲故事能手，还得将故事的主要情节讲具体、讲生动。

**6.** 所以有些故事，少了一些细节，就不好听了。请你读第6～13自然段，把你觉得特别好玩的细节画出来。

**7.** 你想在下面这些主要情节中加入哪些有趣、好玩的细节？

> 枣核大声吆喝把牛、驴赶回村子，衙役就是看不见。
> 县官命令衙役抓住枣核，衙役就是抓不到。
> 县官命令衙役打枣核，衙役就是打不到。

——我想加入枣核蹦、跳的动作，还有吆喝的语言。

——我想加入三次捉弄衙役的细节。

——我想加入县官的牙都被打下来的有趣画面。

**8.** 那谁能看着这三句话，选择其中一句把细节加进去讲讲呢？（学生练习讲喜欢的部分，老师指名学生讲并评价）

| 能完整复述 | ☆ |
| --- | --- |
| 能将重要情节讲具体 | ☆ ☆ |

**❀ 第三步：有详有略复述整个故事**

**1.** 是的，故事有些时候讲得具体一点儿、细节多一点儿，就好听了。但是不是所有地方都是讲得越详细越好呢？（不是）

**2.** 请你再读这个故事，然后小组讨论：下面四件事哪几件要详细讲，哪几件可以略讲？

> 枣核的来历
>
> 枣核爹娘的担忧
>
> 枣核的本领
>
> 枣核帮助村民，捉弄县官和衙役

**3.** 下面，请小组合作尝试把整个故事完整地讲下来。先练习，再展示。

（1）一人一部分"开火车"复述故事。复述完后，对照复述要求评一评能得几颗星。

（2）讲第一部分的同学加上开场白：大家好，今天我们组给大家讲一个有趣的故事《枣核》。

**4.** 哪个小组愿意展示？其他同学根据复述要求对他们的复述进行评价。

| 能完整复述 | ☆ |
| --- | --- |
| 能将重要情节讲具体 | ☆☆ |
| 有详有略又有趣 | ☆☆☆ |

图书在版编目（CIP）数据

指向语文要素：蒋军晶统编版小学语文教学设计．
三年级／蒋军晶著．-- 北京：中国人民大学出版社，
2021.6
ISBN 978-7-300-29485-8

Ⅰ.①指… Ⅱ.①蒋… Ⅲ.①小学语文课—教学设计
Ⅳ.①G623.202

中国版本图书馆CIP数据核字（2021）第109930号

指向语文要素：蒋军晶统编版小学语文教学设计（三年级）
蒋军晶　著
Zhixiang Yuwen Yaosu: Jiang Junjing Tongbian Ban Xiaoxue Yuwen Jiaoxue Sheji (San Nianji)

| | | | |
|---|---|---|---|
| 出版发行 | 中国人民大学出版社 | | |
| 社　　址 | 北京中关村大街31号 | 邮政编码 | 100080 |
| 电　　话 | 010-62511242（总编室） | 010-62511770（质管部） | |
| | 010-82501766（邮购部） | 010-62514148（门市部） | |
| | 010-62515195（发行公司） | 010-62515275（盗版举报） | |
| 网　　址 | http://www.crup.com.cn | | |
| 经　　销 | 新华书店 | | |
| 印　　刷 | 北京华宇信诺印刷有限公司 | | |
| 规　　格 | 168 mm × 239 mm　16开本 | 版　　次 | 2021年6月第1版 |
| 印　　张 | 18.5　插页1 | 印　　次 | 2021年9月第3次印刷 |
| 字　　数 | 240 000 | 定　　价 | 68.00元 |